Presenti Passati

San Dorligo della Valle (Trieste)
ISBN 978-88-6656-609-0

www.edizioniel.com

DAVIDE MATTIELLO

SE VINCE LA MAFIA

Einaudi Ragazzi

Capitolo I

Anno 2112
Italia

La mafia era al governo del Paese.

Questa cosa pazzesca era successa circa vent'anni prima e fino a quel momento non c'era stato modo di cambiarla, anzi, la maggioranza delle persone pareva essersi abituata: in pochi protestavano.

Chi lo faceva veniva arrestato e messo in carcere senza nemmeno un processo. C'è da dire che non lo tenevano molto, ma quanto bastava per spaventarlo e farlo smettere.

Proprio dal carcere di una grande città del Nord comincia questa storia.

I mafiosi arrivati al governo istituirono subito carceri

speciali in ogni città, carceri che dovevano incutere terrore al primo sguardo; avevano imparato molto bene la lezione dopo essere stati loro incarcerati per anni e anni.

Faceva ormai freddo, essendo novembre inoltrato, pioveva, il cielo era grigio come tutto il resto. Il carcere speciale voluto dai mafiosi era stato ricavato all'interno di un'antica abbazia, piantata su uno spuntone di roccia vertiginoso.

L'abbazia aveva un campanile alto e robusto che era stato trasformato in una torre di avvistamento: al posto delle campane erano stati piazzati fari potentissimi che illuminavano tutto il perimetro del carcere e quattro mitragliatori di precisione, con mirini a infrarossi.

Tutti i tetti erano stati rinforzati per renderli resistenti agli attacchi portati con i droni. Tempo prima, infatti, un carcerato che si trovava in regime di massima sicurezza, perché ritenuto pericoloso persino dai mafiosi al governo, era fuggito grazie a un drone d'attacco, che aveva bucato il tetto con una microcarica esplosiva e poi aveva calato una corda a cui il carcerato si era potuto aggrappare.

I muri di recinzione erano alti anche quindici metri, fatti con blocchi di pietra grossi, regolari, che davano l'impressione che niente al mondo li avrebbe potuti smuovere. Quando il cattivo tempo li bagnava, la pietra luccicava come fosse acciaio.

Le celle erano tutte uguali, una accanto all'altra, venti per piano, su quattro piani.

Ogni cella teneva due detenuti, due letti, un tavolino, un lavandino, un buco per i bisogni circondato da due pannelli sottili di legno, due sgabelli in metallo, due attaccapanni fissati alle pareti. Niente tivú, niente radio, un solo libro alla volta, niente foto appese.

Le guardie erano vestite di nero, indossavano anfibi quasi sempre portati con le fibbie slacciate che tintinnavano metalliche al loro passaggio. Avevano i cani – grossi, con il pelo irto che puzzava, a metà tra lupi e rottweiler – e si divertivano ad aizzarli contro i detenuti, solo per spaventarli. Il cibo veniva consumato in cella, non c'era il refettorio, che si riteneva troppo esposto al rischio di insurrezioni; per lo stesso motivo non c'era una palestra e non c'era nemmeno un cortile comune per l'ora d'aria, ma alcuni lunghi corridoi ricavati sezionando due cortili interni attraverso spessi muri di cemento. Nei corridoi si passeggiava al massimo due per volta, per un'ora al giorno, punto.

Il cibo era invariabilmente costituito da un pastone, ora piú vicino alla minestra, ora piú vicino a una purea di patate, del colore della terra quando piove; l'odore era di verdure andate a male. Un pezzo di pane quando si era fortunati, che però sembrava sempre fosse stato in mezzo alle ragnatele.

Di notte c'era la luce come di giorno: in cella non si spegneva mai. Questo alla lunga provocava insonnia, l'insonnia a sua volta debilitava tutto il corpo, il cibo e la mancanza di spazio e di attività fisica facevano il resto: i detenuti in poco tempo diventavano la brutta copia di quelli che erano stati al loro ingresso. Le prime vittime erano i denti: le gengive si infiammavano, lo smalto si indeboliva, i nervi venivano allo scoperto, scavati dalle carie, e facevano presto cosí male che pregavi te li togliessero il prima possibile, perché aspettare che cadessero da soli era troppo penoso.

I vestiti consistevano di una tuta arancione, una maglia di cotone bianca, mutande bianche e calze bianche, ciabatte di plastica nere. Maglia, mutande e calze venivano cambiate una volta alla settimana, la tuta no. Quando faceva freddo, l'unica era avvolgersi nella coperta verde bottiglia in dotazione alla cella; quando faceva caldo bisognava sudare, perché il regolamento del carcere impediva di togliersi qualunque indumento.

Chi violava il regolamento finiva nell'INCUBO. Chiamavano cosí la cella di punizione: due metri per due, per uno e mezzo, con un materassino per terra e basta. Nessuna finestra. Ma la luce sempre accesa.

Le visite dei parenti dovevano essere autorizzate ogni volta a fronte di una richiesta formale. L'iter era molto lungo e chi non riusciva a corrompere il direttore spesso rinunciava: c'erano detenuti che non vedevano nessuno da un anno. Gli avvocati si potevano incontrare soltanto per dieci minuti prima delle udienze, nessun avvocato poteva entrare in carcere.

Cella N. 11, terzo piano, fila sinistra

Era avvolto nella coperta, disteso sul letto, soltanto una mano spuntava, e mezzo avambraccio. La mano stringeva una scheggia di pietra, le ginocchia raggomitolate contro la pancia per trattenere piú calore possibile, la testa anch'essa avvolta non si vedeva, i piedi spuntavano dal fondo della coperta e il ragazzo faceva del suo meglio per tenerli coperti, ma se riusciva a coprirne uno, si scopriva l'altro e viceversa: un fastidio peggiore del freddo. Con la mano che stringeva la scheggia, il ragazzo stava incidendo contro il muro una parola: la muoveva lentamente, cercava di tirare le righe piú dritte che poteva, su ogni riga passava piú volte, fino a fare un piccolissimo solco nel muro, lentamente, molto lentamente. D'altra parte non c'era granché da fare, quindi fare le cose lentamente era un modo per riempire il tempo, ce n'era cosí tanto a disposizione.

PERCHÉ.

Questo scriveva la mano.

Il ragazzo si tirò su, la testa si liberò dalla coperta. Starnutí cosí forte che insieme tossí anche e si pulí sulla manica della tuta arancione: pensò che se fosse stato libero non avrebbe mai fatto una cosa del genere, che anzi gli avrebbe fatto schifo, ma buttato lí in cella, senza nemmeno sapere perché, gli sembrava che certe attenzioni non avessero piú senso, che ci si potesse lasciare andare, come se fosse ormai in un altro mondo senza alcuna possibilità di fare ritorno nel proprio.

PERCHÉ.

– Guarda che ti tengono d'occhio, c'è la punizione per chi incide le pareti.

A parlare era stato l'uomo che condivideva la cella con il ragazzo; stava seduto sul suo letto, la schiena appoggiata al muro, le gambe davanti con i piedi che toccavano per terra, segno di quanto fosse stretto il letto. La voce era rauca, profonda, gentile.

Il ragazzo ebbe la tentazione di rispondere malamente, giusto per sfogare la rabbia che covava dentro in quella maledetta situazione, ma si trattenne. Non aveva alcun senso litigare con l'unico essere umano rimastogli accanto, che sembrava anche innocuo.

Per dare il segnale che aveva capito e non aveva patito le sue parole, il ragazzo lasciò cadere la scheggia di pietra contro il muro, si sputò sulla mano e la passò sull'incisione, come per cancellarla. Non si cancellò, ma in compenso la mano si sporcò ancora di piú, tra la saliva e il sudicio della parete. Il ragazzo se la guardò, pensò per un momento di alzarsi e lavarsela, ma sapeva che l'acqua era gelida, il sapone era un pezzo duro e inutile che non aveva mai fatto schiuma e poi di nuovo quel pensiero: che stando in un posto del genere non valesse la pena tenersi pulito. Non si alzò, tirò il braccio dentro la coperta, si infilò la mano in mezzo alle gambe, chiuse gli occhi. No: se fosse stato fuori e libero non avrebbe mai fatto una cosa del genere.

Il colpo secco della feritoia nella porta blindata lo fece sussultare, anche se non era proprio addormentato.

– La sbobba! – gridò una voce da una bocca che non si poteva vedere.

L'uomo dalla voce rauca ma gentile si alzò, si avvicinò al buco aperto nella porta blindata e attese che la guardia ci infilasse il vassoio, che dopo mezz'ora avrebbe ritirato.

La manovra fu sbagliata: il vassoio, spinto, urtò contro il bordo del buco della porta e una parte della sbobba finí sul pavimento.

L'uomo protestò.

Si beccò in risposta quattro insulti e niente piú.

I due mangiarono con un umore piú tetro del solito, ognuno sul proprio letto, perché mettersi a tavola e usare gli sgabelli significava prendere un sacco di freddo, era meglio stare avvolti nelle coperte e fare uscire soltanto le braccia e la faccia; gli sgabelli li tenevano davanti e servivano per appoggiarci le cose.

Cercarono di pulire al meglio il pavimento che era rimasto schizzato dal cibo caduto, per evitare che gli avanzi attirassero scarafaggi e insetti. Dei topi non si preoccupavano: non ne avevano mai visti. Avevano il sospetto che fossero adoperati in cucina.

La guardia tornò, li insultò come al solito e portò via il vassoio.

I giorni passavano monotoni, con poche parole tra i due, ma il ragazzo si sforzava di trascorrere piú tempo seduto sul letto, sempre avvolto nella coperta, anziché coricato. Ogni tanto tirava le gambe dritte davanti a sé e cominciava a fare qualche esercizio richiamando al petto ora l'una ora l'altra. Le prime volte provava un certo imbarazzo a fare quella ginnastica alla presenza dell'uomo che cercava di non fissarlo, perché era gentile, ma che finiva per guardarlo; però un poco alla volta l'imbarazzo era passato e da un po' di tempo fare quegli esercizi era diventato abituale. Si sforzava anche di tenersi pulito e di non fare quel che non avrebbe fatto se fosse stato libero.

Ci aveva pensato dopo che l'uomo un giorno gli aveva detto: – Cosí gli fai un favore.

– In che senso? – aveva domandato lui.

– È proprio questo che vogliono tenendoti chiuso qui. Vogliono che tu perda tutte le buone abitudini che facevano di te una persona libera e ben voluta. Vogliono che tu ti abbrutisca, che tu finisca per fare schifo a te stesso. Per loro è già una vittoria.

Aveva ragione. Punto.

Cosí aveva cominciato anche a usare quel pezzo di sapone, inutile perché non faceva schiuma nemmeno a strofinarlo per un minuto intero, ma se lo passava con diligenza contro le unghie delle mani per tenerle pulite: il nero sotto le unghie era in effetti l'inizio dello schifo che provava per se stesso.

Stava fischiettando. Non lo avevano mai sentito fischiettare prima. La guardia, mentre passava a raccogliere i vassoi, fischiettava come a voler far capire che era di buon umore. Forse era soltanto una provocazione, quei meschini si divertivano cosí. Da una cella vicina qualcuno gridò: – Che festa è, che fischietti?

Al ragazzo si accapponò la pelle, si irrigidí istintivamente, sentí la gola che si seccava, come quando ci si prepara al peggio. Il peggio si sarebbe tradotto in botte e cani che abbaiavano. Ma come gli era venuto in mente a quel detenuto di rivolgersi cosí alla guardia? Quelli non aspettavano altro, e se gli girava male potevano punire tutta la fila di celle o anche tutto il piano. Facevano quello che volevano. Ma che gli era venuto in mente, a quello?

La guardia per tutta risposta si era messa a ridere e, ferma in mezzo al corridoio con le gambe larghe e gli anfibi lucidi, non accennava a smettere e guardava verso le porte blindate delle celle come se avesse voluto vedere tutti quanti i detenuti, come un pubblico in attesa del colpo di scena.

– Non dovrò sopportarvi un giorno di piú, zecche zozze che non siete altro! Me ne vado, cambio lavoro, e qui a marcire restate voi! Addio, zecche!

E giú a ridere, tanto da sbattere per terra un anfibio mentre con una mano si premeva la pancia, bella tonda in effetti, traboccante dai pantaloni.

Capitolo 2

In dieci anni di servizio in quel carcere di massima sicurezza gli era capitato due volte di salire nell'ufficio del direttore. Una volta perché c'era stata una rissa tra guardie e detenuti, e le guardie, spinte da un eccesso di zelo, avevano strappato un orecchio a un detenuto, visto che sembrava eccessivo lasciargliene due, tanto si mostrava sordo agli ordini impartiti. La seconda volta perché era arrivato un pacco per il direttore mentre era di turno in portineria e senza indugio glielo aveva portato personalmente: un'occasione imperdibile per mettersi in mostra.

Entrambe le volte erano state sgradevoli: il direttore era un tipo alto, asciutto, con gli occhi azzurro chiaro, che non ti guardava mai quando ti parlava e nemmeno quando gli parlavi tu. Le mani sempre serrate davanti a sé, appoggiate sulla scrivania o, se stava in piedi, all'altezza dell'inguine, mai tese per stringere la tua. Sempre vestito con lo stesso abito grigio scuro, ministeriale; anche se in quanto direttore non aveva l'obbligo della divisa, evidentemente se l'era imposto da solo quell'obbligo, forse sperando con quel travestimento di mettere una distanza ancora maggiore tra sé e il contesto.

Tutto in lui faceva intendere quanto disprezzasse sia le guardie sia i detenuti.

La guardia aspettava questo incontro da settimane; era stato anche annullato un paio di volte, e questo lo aveva messo in agitazione. Viveva in un appartamento di un quartiere periferico, non dei piú brutti, per carità, ma la moglie si lamentava da anni e quello scatto di carriera avrebbe permesso loro di cambiare aria. Avevano due figli, due maschi di sei e dieci anni: per ora dormivano insieme nella stessa cameretta, che però stava diventando troppo piccola. Se avessero potuto cambiare casa e quartiere avrebbero cercato sicuramente un appartamento con una stanza in piú. Lui avrebbe voluto anche cambiare macchina, ma i suoi desideri passavano senz'altro in secondo piano rispetto a quelli della moglie, che era capace di diventare una furia se contraddetta. E dire che da guardia era abituato a esercitare autorità e violenza, certo con una differenza fondamentale: quando si trovava in carcere era l'Istituzione che stabiliva il rapporto di forza tra guardie e detenuti, c'era uno spartito predefinito su cui suonare la musica; quando invece era a casa, anche se ci arrivava vestito da guardia, quel ruolo non gli serviva piú a niente, in casa non c'era alcuna Istituzione che potesse determinarne l'autorità, anzi, l'Istituzione era la moglie, lei era la fonte dell'ordine domestico. Lei stabiliva le regole e anche gli umori in casa, e la sua autorità si estendeva in ugual maniera a tutti e tre i maschi di casa, a prescindere da ogni altra considerazione. Quindi la priorità era la casa nuova, piú grande e in un quartiere migliore. La macchina avrebbe aspettato.

Salendo i gradini di marmo bianco che portavano al piano degli uffici del direttore, la guardia ripassò la scena che si era immaginato: sarebbe rimasto in piedi davanti alla scrivania, avrebbe evitato di allungare la mano – sarebbe stato inutile provare a stringere quella del direttore – avrebbe evitato di cercare il suo sguardo, avrebbe misurato le parole, avrebbe mantenuto dritta la schiena senza però mettersi sull'attenti, non era il caso. Si sentiva sicuro del fatto suo. L'anzianità di servizio c'entrava fino a un certo punto, di concorsi pubblici non se ne facevano da anni ormai, la garanzia della promozione dipendeva dal «punteggio informale», cosí lo aveva definito lui stesso nei suoi pensieri.

Il punteggio informale si sarebbe calcolato sommando quanto avesse saputo fare bella figura con il direttore, quanto avesse saputo essere servizievole e diligente, quanto avesse saputo evitare di creargli direttamente o indirettamente qualunque problema, e soprattutto quante telefonate di amici il direttore avesse ricevuto. Sí, l'ingrediente fondamentale per accumulare il punteggio informale era il numero delle raccomandazioni da parte degli amici. Non era uno scherzo, ci volevano intelligenza e dedizione, perché non bastava ottenere la disponibilità dei propri amici a fare la raccomandazione, bisognava che questi amici fossero a loro volta in qualche modo preziosi per colui al quale ci si raccomandava. La raccomandazione negli anni era diventata una cosa molto seria, era una specie di moneta di scambio, a volte si barattavano le raccomandazioni tra sconosciuti proprio perché si cercavano schemi di relazioni impossibili naturalmente pur di assicurarsi il successo. Ogni raccomandazione produceva un credito tra chi la faceva e chi ne godeva, e anche un debito tra chi la faceva e chi la riceveva. Facciamo un esempio: alla guardia interessava la promozione, e la promozione dipendeva esclusivamente dall'arbitrio del direttore. La guardia doveva far arrivare al direttore raccomandazioni convincenti, ma di che tipo? Era fondamentale sapere cosa interessasse al direttore in termini di carriera o di consumo. Il direttore sembrava non avere problemi di carriera, quindi fargli arrivare la raccomandazione da qualcuno che poi gli sarebbe stato utile per fare pressioni a beneficio della sua carriera pareva superfluo: lui era già al top, o almeno questo era stato il ragionamento della guardia. Ma il direttore amava l'opera lirica, e trovare i biglietti nell'unico teatro della città era davvero una impresa. Se la raccomandazione a favore della guardia fosse arrivata al direttore da parte di un impresario del teatro, questa raccomandazione avrebbe avuto un peso enorme, perché il direttore l'avrebbe soddisfatta ben volentieri autorizzando la promozione della guardia, per poi subito spendersi questo favore con l'impresario, chiedendo in cambio una raccomandazione a suo favore per avere dei buoni biglietti per lo spettacolo dell'opera. Ma la guardia conosceva un impresario del teatro dell'Opera? Certo che no, non ci aveva mai messo piede nel teatro dell'Opera, non sapeva neanche dove stesse di preciso, trovava l'opera noiosa e incomprensibile. Quindi doveva cercare sul mercato qualcuno che conoscesse un impresario e che avesse bisogno a sua volta di una raccomandazione che la guardia potesse offrire in qualche altro campo. Voi capite la difficoltà! Per questo con gli anni erano nate delle agenzie specializzate che trafficavano in raccomandazioni: ogni cliente veniva tracciato distinguendo tra le raccomandazioni di cui aveva bisogno e le raccomandazioni che era in grado di fare, poi queste mappe erano inserite in un data base e, a seconda dei clienti che arrivavano e delle esigenze che avevano, si combinavano gli incontri. Un secolo prima sarebbe stato un reato, si chiamava «traffico di influenze» e si poteva finire in carcere, ma le cose erano molto cambiate con la mafia al governo del Paese e queste agenzie di intermediazione delle raccomandazioni avevano un enorme successo.

Dunque, la guardia si era iscritta a una di queste agenzie e dopo un po' si era realizzata la combinazione perfetta: c'era un impresario del teatro dell'Opera che aveva urgenza di trovare una sistemazione per la sua famiglia in una casa al mare, perché la moglie era stata a lungo malata e avevano bisogno di trascorrere un periodo in una zona balneare. Ma le ricerche erano state vane: tutto occupato. La guardia aveva giusto una zia che viveva in un bel paesino affacciato sul mar Ligure. La zia anziana ci viveva ormai da sola: l'appartamento era spazioso, con tre camere da letto, una sala che dava sul terrazzo, una cucina e due bagni. Perfetta! La zia si sarebbe anche occupata di cucinare e di tenere pulita la casa, in cambio di un equo compenso. L'impresario, dal canto suo, avrebbe telefonato al direttore del carcere, qualificandosi e raccomandando la guardia. Il direttore, se avesse soddisfatto la raccomandazione, avrebbe poi avuto una legittima aspettativa verso l'impresario e sarebbe con ogni probabilità finito in prima fila al teatro dell'Opera. Affare fatto!

La guardia si fermò davanti alla porta del direttore, suonò il campanello e attese: era un po' nervoso, ma piú che altro era eccitato dall'idea di essere trasferito in un carcere diverso, non di massima sicurezza, in città, e che avrebbe avuto la direzione di un'intera sezione.

La serratura scattò, lui anche, e si trovò dentro la stanza, davanti alla scrivania del direttore.

– Guardia, per la sua promozione dovremo attendere il prossimo turno. Tra un anno, al massimo due, ma vedrà che ce la farà.

Punto.

Un pugno nello stomaco.

La guardia si trattenne a stento dal gridare, dal protestare: eppure la raccomandazione era arrivata ed era quella giusta, cosa diavolo era successo?

– Chi? – riuscí soltanto a ringhiare la guardia. – Chi va al posto mio?

– Anselmo, – disse il direttore.

– Ma quello è un cretino buono a niente!

– Lo so.

– Se lo mangiano in un boccone, se lo mandate a fare il capo sezione.

– Lo so.

– Metterà a rischio il carcere, i colleghi, la sicurezza nazionale.

– Lo so.

– Lo sa.

– Sí, lo so.

– E allora?!

– E allora le sue raccomandazioni sono state piú efficaci delle tue!

Fine del discorso.

– Può andare, guardia, arrivederci.

Non c'era spazio per replicare, soltanto per l'amaro in bocca e per i guai, se fosse sbottato.

Scendendo le scale per tornare al suo posto, la guardia aveva la vista annebbiata, non riusciva a mettere in fila i pensieri, la testa rotolava dal direttore alla faccia della moglie quando sarebbe tornato a casa, ai bambini che si sarebbero messi a strillare.

Che disastro!

Ma che cosa era andato storto?

Quale raccomandazione poteva essere arrivata con effetti cosí convincenti?

Capitolo 3

Il direttore fissava l'orologio appeso alla parete davanti alla scrivania con impazienza: mancavano pochi minuti alla fine del turno, poi sarebbe finalmente uscito. Gli occhi si soffermarono sul ritratto del presidente del Consiglio inchiodato al muro accanto all'orologio, e quella volta il direttore provò dentro di sé una sensazione di sollievo, quasi di rivincita: perché almeno per una volta sapeva di avere messo a segno un punto che neanche il presidente sarebbe riuscito a fare.

La telefonata di raccomandazione per questo Anselmo era arrivata qualche giorno prima; il direttore era rimasto piacevolmente sorpreso di trovarsi a parlare con il proprietario di un centro benessere molto esclusivo, uno di quei posti per ricchi dove in una settimana ti rimettono a nuovo. Uno di quei posti dove stai tutto il giorno in un accappatoio bianco di spugna morbida, sorseggi acqua purissima in bicchieri di cristallo e, quando arriva il turno del tuo massaggio, vieni trattato come un vip, unto, riunto, massaggiato e vezzeggiato. Il problema di questo posto era che si entrava soltanto se iscritti a un certo club, che era un club aperto soltanto alla cerchia ristretta dei membri del governo, dei loro familiari e dei loro collaboratori piú stretti. Intendiamoci, da quando la mafia aveva era al governo del Paese, in tutti i campi erano sorti dei club dove era tanto piú difficile entrare quanto piú altolocati erano i fondatori; infatti, con la diffusione a macchia d'olio del sistema delle raccomandazioni, a tutti era chiaro che proprio l'accesso ai club piú prestigiosi avrebbe consentito di entrare in contatto con persone potenti, cioè utili a fare carriera o a conquistare comunque altre soddisfazioni. Questi club avevano i nomi piú disparati, c'erano quelli che si ispiravano agli animali, quelli che si ispiravano ad antichi faraoni egizi, quelli che prendevano il nome da una stella; ma c'erano anche delle caratteristiche che li accomunavano tutti: le donne erano ammesse, ma non avevano ruoli di potere, i membri tra di loro si chiamavano «fratelli» e «sorelle», vigeva l'obbligo della segretezza: nessuno poteva raccontare all'esterno cosa accadeva all'interno, pena l'espulsione immediata, condita da disprezzo e minacce di morte. Il club che apriva le porte del prestigioso centro benessere si chiamava Club dello Scorpione, e il direttore non aveva mai neppure sperato di entrarvi.

Invece quella telefonata aveva rivoluzionato tutto: il proprietario del centro benessere lo stava chiamando per raccomandare Anselmo. Bingo!

Il direttore avrebbe potuto chiedere in cambio proprio l'accesso al centro benessere, e chissà, magari anche l'ingresso nel Club dello Scorpione. Era eccitatissimo.

Il direttore aveva già comunicato ad Anselmo la sua decisione e subito dopo l'aveva comunicata al proprietario del centro benessere, che lo aveva prontamente invitato per l'indomani a prendersi un caffè e visitare il centro.

A stento il direttore tratteneva l'ambizione che gli gonfiava il cuore: se fosse riuscito a infilarsi nel Club dello Scorpione chissà che cosa avrebbe potuto ottenere?! La sua carriera non era finita, non era ancora arrivato dove voleva arrivare, era stato un errore sottovalutare la sua ambizione. Certo, era arrivato relativamente giovane al vertice dell'amministrazione carceraria, ma quella non era la vetta della montagna delle sue aspettative: c'erano gli incarichi governativi. Avrebbe potuto andare a presiedere una di quelle commissioni che il governo istituiva di volta in volta, apparentemente per il bisogno urgente e improrogabile di affrontare qualche emergenza, ma in sostanza per moltiplicare i posti ben retribuiti al solo scopo di saldare rapporti di dipendenza e allargare la base del proprio consenso, già per altro granitico. La mafia arrivata a governare lo Stato non rinunciava al suo antico costume di offrire sempre prima una carezza, attraverso qualche favore, per aumentare i propri adepti e contemporaneamente la propria capacità di ricatto. L'uso della violenza e dell'intimidazione era da sempre ritenuto un'arma da usare con estrema cautela, quando proprio non se ne poteva fare a meno, e si capiva: un potere autoritario come quello mafioso pretendeva di essere ubbidito senza eccezioni, ma dover imporre la propria volontà attraverso la violenza era comunque inteso come un segno di debolezza, la debolezza di chi per comandare deve costringere, che è cosa diversa dalla forza di chi per comandare ha bisogno soltanto di ordinare perché la sua volontà diventi legge.

Il direttore quindi, pur facendo continui respiri profondi che equivalevano ad altrettanti appelli a mantenersi calmo, a non dare niente per scontato, gongolava all'idea di quel che sarebbe potuto succedere a partire dal caffè dell'indomani mattina.

Uscito dal carcere, si diresse verso casa e anche quel pensiero gli era dolce: avrebbero festeggiato il compleanno della figlia maggiore che compiva diciotto anni. Insomma: non era cosí male la vita per il direttore, quel giorno. Alla guardia che aveva silurato con una frase non pensò piú.

La moglie e la figlia minore avevano trafficato tutto il giorno per preparare una cena speciale. Erano state al mercato insieme, dove avevano scelto con cura dell'ottimo pesce «appena pescato!», come aveva gridato loro il venditore, asciugandosi le mani lorde di interiora sul grembiule che gli cingeva i fianchi grassi.

Erano le otto e mezza di un bel giovedí sera, la grande cucina con le pareti di un giallo caldo e primaverile risuonava delle risate delle due sorelle, la mamma le osservava compiaciuta e il papà-direttore del carcere era tentato di rubare la scena raccontando quello che stava per accadere il giorno dopo, ma si trattenne, un po' per non distrarre l'attenzione dalla figlia neomaggiorenne, un po' per scaramanzia. La festeggiata indossava un abito blu scuro punteggiato da piccole margherite, aveva i capelli raccolti in una coda alta e un ciuffo lasciato cadere lungo la guancia, gli occhi scuri come quelli della madre luccicavano, come a quelli della madre non capitava piú da un sacco di tempo. Si chiamava Teresa.

Il pesce, cucinato con patate e peperoni al forno, fece la sua figura e tutti ne mangiarono a sazietà. Poi fu la volta del dolce, condito con diciotto candeline fiammeggianti.

Improvvisamente Teresa si aggrappò alla spalla della sorella: fece per dire qualcosa, ma dalla sua bocca uscirono soltanto un rantolo e della schiuma, poi rovesciò gli occhi e cadde per terra, le gambe tremavano, la schiena si inarcava come se i polmoni spingessero per uscire a cercare aria, la pelle della faccia divenne presto di un azzurro chiaro tendente al violetto.

La madre fu la prima a reagire, afferrando la figlia per le spalle, tirandola su a sedere e cercando di farla respirare, gli occhi sbarrati dalla paura.

La figlia piú piccola, impietrita, stava in piedi contro la parete e singhiozzava. Avrebbe voluto staccare gli occhi dalla faccia azzurra della sorella, ma non ci riusciva: continuava a fissarla.

Il padre-direttore, dopo un momento di spaesamento, afferrò il telefono e chiamò i soccorsi.

La corsa in ospedale a sirene spiegate diede ai genitori un illusorio senso di sollievo: la figlia era priva di conoscenza, ma la professionalità dei medici e la velocità con cui l'ambulanza attraversava la città facevano sperare per il meglio.

La figlia piccola era rimasta a casa.

Il papà-direttore stava in fondo all'ambulanza e con una mano stringeva un piede della figlia, mentre la mamma le stava accanto e le teneva una mano, a una certa distanza per non intralciare il lavoro del medico che, chino sul viso di Teresa, si dava da fare con la ventilazione forzata per farla respirare e intanto teneva d'occhio i parametri vitali attraverso un monitor collegato ad alcuni sensori che erano stati applicati subito sulle tempie della ragazza.

Arrivati al pronto soccorso, la barella con sopra Teresa scomparve dietro un paravento. Ai genitori fu detto di aspettare; un infermiere indicò loro un corridoio illuminato con delle sedie, dove c'era anche un distributore di acqua e bevande calde. Ma non ci fu verso di convincerli né a sedersi, né a prendere qualcosa al distributore.

La madre e il padre-direttore stettero in piedi, ora facendo qualche passo nel corridoio, ora appoggiandosi alla parete con la schiena per un istante. Non si abbracciarono mai, né si guardarono negli occhi: ognuno faceva i conti con il proprio terrore e sapeva di non poter trovare conforto nell'altro.

D'un tratto si aprí la porta: un infermiere e un medico affrontarono i genitori.

Il papà-direttore a stento trattenne un grido di sorpresa, prima ancora che il medico parlasse: ricordava benissimo quella faccia.

Il medico cominciò a dire delle cose sulle condizioni di Teresa, che erano gravi ma non disperate, ma il padre-direttore perdeva il filo di quelle parole perché seguiva un altro pensiero che lo agghiacciava: una cena tra ex compagni di scuola di qualche anno prima, ecco dove aveva già visto la faccia di quel medico. Ora ricordava: era a un tavolo a chiacchierare con due suoi compagi di classe, quando uno gli aveva indicato quell'uomo e, ghignando, aveva detto agli altri due: – Lo vedete quello? Un fottuto imbroglione! Era nell'altra sezione e dopo il diploma, preso con il minimo dei voti, si era iscritto alla facoltà di Medicina, ma non ci capiva niente. Una capra! Lo avrebbero sbattuto fuori, poi ha fatto il colpaccio: ha sedotto la figlia di un grosso primario ospedaliero. Bingo!

Il papà-direttore ricordava perfettamente i commenti che erano seguiti: un misto di disprezzo e di invidia, come spesso succedeva da quando la mafia aveva preso il potere. Fare carriera attraverso le raccomandazioni suscitava ancora in molti un rigurgito di coscienza, però soprattutto legittimava ogni tipo di ambizione, a prescindere dalle competenze. Il trionfo degli idioti che però sapevano stare al mondo con destrezza e ossequio.

E cosí quel buono a niente era diventato medico chirurgo e operava proprio in quell'ospedale. La copertura del primario-suocero era ancora potentissima, dal momento che questi faceva parte di un club decisamente altolocato: il Club di Orione, frequentato da medici, avvocati e notai di chiara fama.

Quando il papà-direttore tornò a concentrarsi sulle parole del medico, questi stava dicendo: – ... Quindi l'unica cosa che possiamo fare è creare artificialmente un canale di ossigenazione del cuore che salti i polmoni. Quando i polmoni saranno guariti dall'infezione, allora con un secondo intervento rimetteremo tutto a posto.

Il papà-direttore avrebbe voluto obiettare che i polmoni non ossigenavano direttamente il cuore ma il sangue, che poi arrivava anche al cuore, ma non ne ebbe la forza.

Improvvisamente si sentí sprofondare e, stanchissimo, si accasciò sulla sedia piú vicina.

La madre di Teresa, cercando di mostrarsi lucida e ferma, annuí, non disse una parola e si sedette a sua volta accanto al marito. Questa volta l'uno cercò la mano dell'altra e stettero cosí ad aspettare.

Le mani di Teresa erano cosí delicate, le dita lunghe, le unghie ben curate: mani da tenere, da accarezzare. Il papà-direttore guardava la sinistra, distesa lungo il corpo, l'unica che potesse vedere. L'unica cosa di Teresa che potesse vedere, perché quella mano era rimasta fuori dal lenzuolo che la ricopriva tutta. Era morta, Teresa, durante l'intervento, un'infermiera era uscita dalla sala operatoria per comunicarlo ai genitori. Il medico no, non si era fatto vedere: era andato in ufficio a compilare la relazione che in questi casi è prevista, ma mandava a dire ai genitori tutto il suo dolore.

«Bastardo!»

Capitolo 3

Questo aveva pensato il papà-direttore mentre l'infermiera parlava di una complicazione non prevista che aveva reso l'intervento difficilissimo, una specie di malformazione non rivelata dagli esami a un'arteria che passava accanto ai polmoni e che si era lacerata. Non c'era stato niente da fare, la pressione sanguigna era calata cosí in fretta, il cuore aveva smesso di battere. No: Teresa non aveva sofferto, non si era accorta di niente.

«Bastardo!» aveva di nuovo pensato il papà-direttore: non credeva a una sola parola. Ma quale malformazione non rivelata precedentemente! Teresa non ne aveva, giocava a pallavolo da anni e ogni anno doveva sottoporsi a esami che certificassero la sua idoneità.

Glielo avrebbe voluto dire all'infermiera, ma a che cosa sarebbe servito? Avrebbero potuto denunciare il medico? Per cosa, e con quali prove? E a chi poi? Il sistema era quello e lo sapevano bene: da quando la mafia aveva preso il potere non erano visti di buon occhio quelli che denunciavano le cose malfatte alla magistratura. La magistratura stessa, essendosi per lo piú adeguata al tempo, non sopportava questi cittadini amanti della verità che cercavano gloria e portavano rogna.

I funerali si sarebbero celebrati di lí a due giorni,

avrebbe pensato a tutto l'unica agenzia di pompe funebri presente nell'ospedale, alla quale era impossibile sottrarsi: appena un paziente moriva erano gli addetti di questa agenzia a trattare il corpo, a preparare i documenti, a contattare il cimitero. I familiari non avevano alternative, e nemmeno ne cercavano. L'agenzia di pompe funebri, che si chiamava Grande Orizzonte, versava ogni mese una percentuale al direttore dell'ospedale e tanto bastava a preservarne il monopolio.

Il papà-direttore e la mamma di Teresa tornarono a casa.

Il papà-direttore aveva raccontato alla moglie chi era quel medico e quali erano i suoi sospetti. Da quando la mafia aveva preso il potere e si faceva carriera attraverso le raccomandazioni, morti come quella di Teresa erano considerate effetti collaterali impossibili da eliminare. Le cose andavano cosí e cosí dovevano andare.

La madre di Teresa, impietrita, non disse una parola; si svestí in bagno, si fece una lunga doccia con l'acqua bollente, come se servisse a levarle di dosso l'odore della morte di Teresa.

Non le uscí nemmeno una lacrima.

Entrò nella cameretta delle ragazze e si inginocchiò tra

le gambe della figlia minore che, seduta sul letto, era ancora scossa dai singhiozzi, teneva le mani sulle ginocchia, i piedi scalzi sul pavimento freddo. Lasciò che la figlia le stringesse le braccia attorno al collo e piangesse fino a tranquillizzarsi un po'. Le lacrime di quella ragazzina erano le uniche lacrime possibili, erano le lacrime di chi non aveva ancora sepolto il sentimento sotto la corazza dura della rassegnazione.

La madre poi si mise a letto, accanto al marito, spensero la luce, non parlarono piú, ma si presero per mano. Lui si addormentò e fece sogni agitati. Lei no: con gli occhi aperti, puntati contro il soffitto, elaborava il piano di vendetta.

Capitolo 4

Quando la mafia aveva preso il potere, il modo di organizzare la società era profondamente cambiato, e di conseguenza le leggi. Principi che sembravano intoccabili si erano sciolti come neve al sole. Per esempio: non uccidere! Chi uccide commette un crimine, questo crimine è previsto come reato nel Codice penale e chi compie questo crimine viene processato e condannato a pene pesanti, che possono arrivare fino all'ergastolo. A meno che...

A meno che l'omicidio non sia commesso per motivi di onore.

Ecco, questa era stata una delle rivoluzioni: introdurre il concetto di onore nella descrizione del reato.

Qualora uccidere una persona si fosse reso «necessario» per riparare a una grave offesa che avesse ferito l'onore dell'autore, allora la pena doveva essere scontata fino a due terzi.

Insomma: uccidere per vendicarsi di un torto subíto non era proprio legale, ma poco ci mancava.

La mafia al governo aveva rispolverato un'antichissima legge, quella del «taglione», cioè occhio per occhio dente per dente: di fronte a un'offesa subita la giustizia era la vendetta, una vendetta che ciascuno doveva esercitare da sé in maniera proporzionata all'offesa.

Con un grande risparmio su tribunali, polizia e carceri, il che aveva permesso finalmente un significativo taglio delle tasse.

Un eccesso di vendetta non sarebbe stato tollerato, ma una vendetta proporzionata all'offesa, questa sí, sarebbe stata accettata.

Nel caso in cui la persona offesa, per vendicarsi, si fosse rivolta a un killer – ma ora lo si preferiva chiamare «esecutore» – il killer sarebbe stato sollevato da ogni responsabilità: zero pena!

L'esecutore altro non faceva che realizzare la legittima volontà della persona offesa.

Questo drastico cambiamento di prospettiva aveva scandalizzato molti intellettuali e scatenato la protesta di alcune associazioni, che avevano pure manifestato, ma tutto era finito in poco tempo; in fondo la maggior parte delle persone si era sentita in sintonia con la modifica proposta dalla mafia di governo: la maggioranza era stufa da un pezzo di cercare giustizia attraverso i tribunali, ci volevano anni, un sacco di soldi e tante volte non si arrivava a niente o comunque a punizioni irrilevanti rispetto al danno che la parte offesa riteneva di avere subíto. La possibilità di vendicarsi pur rispettando una certa proporzione tra offesa e vendetta («occhio per occhio, dente per dente») aveva fatto tirare un sospiro di sollievo a molti, cui le mani prudevano da un pezzo. Inutile dire che gli errori di valutazione nell'esercizio della vendetta erano frequenti, e a quel punto doveva intervenire la giustizia, che però, funzionando male quanto prima, assicurava molto raramente una correzione all'abuso di vendetta.

La madre di Teresa era stata tra quelle che a suo tempo avevano protestato contro questa novità assicurata dalla mafia al governo, ma durante la notte passata con gli occhi spalancati nel buio non aveva avuto un attimo di titubanza: sapeva benissimo cosa avrebbe dovuto fare, vendicare l'offesa subita. Quel medico incapace avrebbe dovuto pagare e, visto che Teresa non aveva perduto un occhio e nemmeno un dente, ma la vita, quel medico sarebbe dovuto morire.

Il figlio di una sua amica andava ad allenarsi in una palestra di boxe nel quartiere nord della città; si sapeva che in quella palestra giravano alcuni giovani addestrati al combattimento, pronti a fare da «esecutori» in cambio di un compenso.

La mattina dopo, la madre di Teresa chiamò la sua amica, le spiegò la situazione e insieme domandarono al figlio di essere portate alla palestra.

Pioveva e faceva freddo, la porta della palestra era eccessivamente stretta, di ferro, in parte arrugginita, sormontata da un cartello dipinto in bianco e rosso con la scritta *BOKITO BOXING CLUB* e la testa di un gorilla minaccioso dipinta a fianco. Da un palo fissato nel muro pendevano due fari e due telecamere.

Il Bokito Boxing Club esisteva da vent'anni e sembrava che ogni goccia di sudore colata per due decenni avesse impregnato i muri e il pavimento della palestra.

La segreteria stava letteralmente all'interno di una gabbia, pare per motivi di sicurezza: lí si pagavano gli accessi, si consegnavano i documenti all'ingresso e si riprendevano all'uscita, si lasciavano in custodia le borse e si ritiravano i guanti da combattimento. Da quando, in una rissa, un ragazzo era rimasto sfigurato dai colpi subiti da un tizio che aveva modificato i propri guanti da combattimento aggiungendovi delle noci di acciaio, era vietato allenarsi e combattere con guanti portati da casa: bisognava prenderli lí sul momento.

Il soffitto era troppo basso per una palestra, le luci forti, il pavimento nero, sui muri foto di glorie passate, in fondo le docce e davanti a quelle una zona piú ampia con un bar, un biliardo, alcuni tavoli. Vietato fumare, ovviamente.

Il figlio dell'amica della madre di Teresa, Ettore, dopo dieci minuti uscí da quella porta insieme a un altro giovane, piú grosso di lui, con la testa rasata, un orecchino per lobo a forma di cerchio, le labbra piene e il naso largo di chi ha l'abitudine di sbatterlo contro qualcosa di duro.

La madre e il giovane dalla testa rasata si presentarono e si allontanarono insieme, lasciando gli accompagnatori soli, in macchina. Fecero a piedi qualche decina di metri, si fermarono, si intesero, la madre di Teresa allungò una busta che il ragazzo prese e fece sparire all'interno del giubbotto. I due si separarono, la madre tornò in macchina, non disse niente, non le chiesero niente, però sembrava sollevata.

La sera, quando arrivava, trovava il buio ad aspettarla: le giornate si erano accorciate e alle sei sembrava già notte.

Il giovane dalla testa rasata sapeva che il medico chirurgo avrebbe finito il suo turno alle otto di sera, che sarebbe sceso nel parcheggio dell'ospedale, avrebbe preso la sua macchina, una Tesla blu a propulsione elettrica, e sarebbe andato verso casa.

L'esecutore aveva scartato l'idea di aspettare il medico nel parcheggio dell'ospedale perché era pieno di telecamere. Era vero che l'esecutore di una vendetta legittima non sarebbe stato punito, però lui avrebbe comunque preferito non essere nemmeno collegato all'omicidio, cosí da evitarsi la seccatura di un interrogatorio in commissariato. Il suo piano prevedeva di aspettarlo all'uscita, seguirlo in moto fino al primo semaforo rosso e lí spararagli. Alla peggio, lo avrebbe seguito fino a casa e lo avrebbe freddato sul marciapiede. Un lavoro semplice.

La Tesla blu a propulsione elettrica gli passò davanti alle otto e dieci, l'ora che aveva previsto. Accese la moto e lo seguí.

In macchina c'era soltanto una persona: quel medico. Meglio, avrebbe evitato di coinvolgere un innocente.

Rosso.

Fermò la moto accanto al finestrino del guidatore, estrasse la pistola e puntò; l'uomo all'interno fece soltanto in tempo a girarsi, non capí nemmeno cosa stesse succedendo: il finestrino andò in frantumi, il primo colpo lo raggiunse alla guancia sinistra, il secondo in mezzo alla fronte. Due colpi. Un lavoro semplice.

Qualche minuto dopo l'esecutore era già a casa. Non aveva lasciato tracce, i proiettili che adoperava erano di un materiale di nuova concezione: biodegradabile, a contatto con il sangue si scioglievano completamente. Eppure, nel momento in cui entravano nel corpo della vittima, erano duri come l'acciaio e quindi mortali. L'invenzione di questi proiettili biodegradabili era uno dei frutti non previsti di un grande movimento ambientalista che circa novant'anni prima aveva scatenato una rivoluzione economica «green», a causa della quale ogni cosa venne ripensata in modo da ridurre il piú possibile la produzione di rifiuti e materiali di scarto. Tutto doveva essere sostenibile per l'ambiente e cosí anche i proiettili divennero biodegradabili: la gente continuò a morire ammazzata, ma in terra non finí piú nemmeno un grammo di piombo.

All'indomani l'esecutore uscí di buon mattino con l'idea di andare in palestra e poi via, al mare: anche se era brutto tempo, era comunque meglio stare al mare che in città, il lavoro fatto gli consentiva di spendere e togliersi qualche sfizio. Sarebbe stato un bel fine settimana.

L'edicola vicino a casa sua era tappezzata dalle prime pagine dei quotidiani. Lo colpí un titolo: «Assassinato giovane ortopedico. Movente inspiegabile».

L'esecutore si bloccò di colpo e senza dare nell'occhio tornò sul titolo. Non aveva sbagliato, diceva proprio «giovane ortopedico».

Acquistò il giornale, guardò le foto, lesse l'articolo: tutto coincideva, quel giovane ortopedico lo aveva ammazzato lui. Ma non era quello il medico che doveva morire. Com'era potuto succedere? La macchina era quella, l'orario era quello. Aveva ucciso la persona sbagliata. La vendetta è cieca, appunto.

Capitolo 5

Non si dava pace. Continuava a camminare per le vie della città senza una meta, soltanto per lasciarsi il piú possibile dietro quella maledetta edicola che aveva avuto il potere di cambiare il corso della giornata, di sprofondarlo in una sensazione spiacevole che era un misto di senso di colpa e fastidio. Gli esecutori della sua età non avevano conosciuto altro che la mafia al governo, quindi ne avevano succhiato la cultura dominante fin da bambini, a differenza degli adulti che avevano dovuto fare i conti con il cambio di regime. Fin da quando era piccolo, i cartoni animati, i fumetti, gli insegnanti avevano condizionato il suo punto di vista e lui non se ne era nemmeno accorto: si era nutrito di cultura mafiosa e ne era impastato. Per la cultura mafiosa era un valore sapersi fare giustizia da sé, mostrarsi impenetrabili e impermeabili a qualunque emozione, soprattutto alla tenerezza. Se c'era un sentimento bandito dalla cultura mafiosa era proprio la tenerezza, a parte quella per i propri figli, che era tollerata in privato. La tenerezza era un sentimento pericoloso perché è fatta di immedesimazione nei panni dell'altro: cos'è infatti la tenerezza se non quell'atteggiamento affettuoso che ci muove verso qualcuno di cui avvertiamo il bisogno di essere abbracciato, curato, rassicurato? Può mai esserci della tenerezza in chi è indifferente all'altro? In chi non sente nient'altro che le proprie esigenze? La tenerezza per questo ha una caratteristica: è imprevedibile. Non si può mettere un confine alla capacità di sentire le esigenze dell'altro. La tenerezza muove potenzialmente da chiunque verso chiunque, non si può dire «soltanto con i familiari, soltanto con quelli del tuo club, soltanto con i tuoi amici». La tenerezza è una cosa che, se alimentata, si può provare per chiunque, anche per uno che fino a poco prima non conoscevi nemmeno. Ed è proprio questa caratteristica che la rendeva pericolosa per i mafiosi, che invece pretendevano di dividere il mondo in branchi e di controllare i sentimenti di simpatia e di ostilità: la simpatia andava bene verso chi faceva parte del proprio branco, del proprio club, della propria famiglia, per tutti gli altri ci doveva essere ostilità. Per chi non ubbidiva, per chi si lamentava, per chi protestava, per chi si distingueva, per chi si sentiva diverso e non accettava le regole del branco poteva esserci soltanto un sentimento: l'ostilità. Punto. Senza appello, senza ripensamenti, un verdetto valido per sempre. La tenerezza rimescolava le carte, la tenerezza induceva al ripensamento, la tenerezza incoraggiava il perdono, la tenerezza faceva considerare il mondo dal punto di vista dell'altro. Insomma: la tenerezza era destabilizzante e i mafiosi, da quando erano andati al governo del Paese, l'avevano rimossa e avevano fatto di tutto per abolirla attraverso quel Codice d'onore con cui pretendevano di regolare la società.

Eppure qualche riverbero di tenerezza era rimasto in tutti, anche nei piú giovani, con una conseguenza: ce ne si vergognava.

Ci si vergognava di provare tenerezza per qualcuno che non fosse un proprio stretto familiare: ci si sentiva sbagliati, inadeguati, si temeva di essere additati dagli altri, di apparire delle mammolette. Tra bambini non c'era ingiuria piú grave che darsi del «tenerone».

Il giovane esecutore non faceva eccezione: il fastidio

che sentiva dentro di sé camminando per la città era proprio dovuto a un rimasuglio di tenerezza che esigeva spazio nel suo animo. Non si toglieva dalla mente gli occhi spalancati di quel medico in macchina, quando aveva puntato l'arma attraverso il finestrino: ecco perché era cosí stupito, incredulo, al punto da non capire neanche cosa stesse succedendo. Di solito le vittime di un omicidio d'onore se lo aspettano: sanno perfettamente di avere offeso qualcuno e sanno che potrebbero essere colpite da vendetta. Normalmente lo sguardo della vittima di vendetta è uno sguardo spaventato, ma consapevole.

Quel medico non c'entrava niente, era innocente, non aveva offeso l'onore di nessuno, meritava di tornare a casa e invece se ne stava gelido e rigido sul tavolo dell'obitorio del suo stesso ospedale, mentre invece quell'altro l'aveva fatta franca.

Il giovane esecutore era tormentato. Era ormai pomeriggio, non aveva mangiato, avrebbe voluto chiudersi in casa e dormire, ma sapeva che non ci sarebbe riuscito a meno di entrare nella prima farmacia a comprarsi qualcosa di forte.

Cosí fece. Trovò una farmacia qualunque dove non era mai entrato prima in vita sua; nell'aria però c'era il solito odore di disinfettante alla violetta, i soliti espositori bianchi divisi per tipologie di prodotto, in fondo il bancone con il segno per terra che indicava dove dovevano aspettare i clienti prima di essere serviti. Al bancone c'erano due tizi in camice bianco: non sapeva se fossero medici, uno aveva la barba e gli occhiali, l'altro era piú alto, senza barba, con un neo vicino all'occhio destro. In farmacia, oltre ai due tizi e al giovane esecutore, c'era anche un uomo sulla cinquantina, con in braccio un bambino che tossiva. Il giovane esecutore, già fin troppo provato da quell'assalto di tenerezza nei confronti dello sconosciuto assassinato, non ci pensò nemmeno per un momento a far passare per primo il cinquantenne con il bambino: conquistò il bancone e si piazzò davanti a quello basso con barba e occhiali; l'altro nel frattempo era scomparso nel retro della farmacia.

– Cosa le do?

– Qualcosa di forte per dormire.

– Ha già provato le pastiglie di Oppidorm?

– No, ma se dice che vanno bene, le prendo.

– È allergico agli oppiacei o all'eroina?

– No, non credo almeno. Mai avuto allergie.

– Allora vada a casa e ne prenda una. Il principio attivo di questo farmaco è ricavato dall'eroina: di eroina si muore. Non se lo dimentichi! Quando si sveglia starà meglio, vedrà. Se dopo dodici ore si sente ancora agitato, ne prenda un'altra e cosí via, a distanza di dodici ore. Mi raccomando, tra una pastiglia e l'altra non beva alcolici e non guidi: sono molto forti.

Il giovane esecutore afferrò l'involto e se lo cacciò in tasca: non era una soluzione, ma almeno avrebbe avuto tregua.

L'Oppidorm era un farmaco entrato in commercio dieci anni prima, quando la mafia, ormai saldamente al governo, aveva legalizzato sia la cocaina sia l'eroina, mantenendo il mercato sotto rigido monopolio statale, cosí da assicurarsi finalmente ingenti introiti legali e un capillare controllo sociale.

Come per altre riforme del genere, in un primo momento c'era stata qualche protesta da parte di chi denunciava le gravi conseguenze di queste sostanze stupefacenti sulla vita delle persone, soprattutto dei giovani. Erano sostanze che davano una forte dipendenza e danneggiavano progressivamente il sistema nervoso, per questo erano state a lungo proibite. Purtroppo questa proibizione aveva offerto alle organizzazioni criminali di tutto il mondo, e in particolare alle mafie italiane, la possibilità di gestire un vasto e florido mercato nero di queste sostanze, un mercato che per decenni era stato la loro principale fonte di finanziamento.

A dir la verità neanche queste proteste ebbero un grande seguito, e non soltanto perché con la mafia al governo del Paese le libertà di pensiero, di manifestazione e di espressione erano state fortemente compresse, ma anche perché la maggior parte dell'opinione pubblica era silenziosamente convinta da tempo che sarebbe stato meglio legalizzare queste sostanze, di modo che chi ne avesse voluto fare uso a proprio rischio e pericolo, lo avrebbe potuto fare senza rendere conto a nessuno. Certo, questa maggioranza silenziosa non si aspettava che la riforma sarebbe arrivata soltanto con l'ascesa al potere proprio della mafia, che aveva in tal modo continuato a guadagnare attraverso queste sostanze potenzialmente letali. Ma tant'è: le cose nella vita e nella storia non vanno mai come ci si aspetta che debbano andare: la Storia non si fa come si fa quando si dipinge un quadro, si fa piuttosto come si attraversa un bosco di notte mentre piove.

Il governo, come dicevamo, si era comunque preoccupato di creare dei meccanismi efficaci per reprimere il dissenso, censurare la stampa e ogni altra manifestazione del pensiero; per questo aveva trasformato il Codice penale in Codice d'onore e vi aveva inserito alcune fattispecie perfettamente adatte allo scopo, la piú utile delle quali era quella di «condotta volta a turbare l'ordine sociale».

I giudici, che avevano perso l'indipendenza e ora erano semplicemente un dipartimento alle dipendenze del governo, applicavano con grande generosità questa fattispecie di reato contenuta nel Codice d'onore: che si trovassero di fronte a un automobilista che aveva esagerato col clacson, o a un giornalista che aveva scritto un articolo criticando il governo, in entrambi i casi «l'ordine sociale» poteva ritenersi «turbato» e quindi l'autore del turbamento doveva essere punito.

Il giovane esecutore se ne tornò a casa, deglutí la pastiglia con l'acqua senza piú pensare a niente, tirò giú le tapparelle, staccò il telefono, si infilò sotto le coperte e attese che la sostanza facesse effetto.

Cadde in un sonno profondo.

Capitolo 6

Il collega del farmacista con barba e occhiali era uscito dal magazzino e, senza alcun entusiasmo, aveva fatto cenno all'uomo sui cinquanta con il bambino piccolo che tossiva di avvicinarsi al bancone.

Tra i due uomini c'erano almeno trenta centimetri di differenza: il bambino era molto piú in basso e l'uomo che lo portava lo prese in braccio per avvicinarlo il piú possibile alla faccia del farmacista. Il bambino tossí violentemente e il farmacista d'istinto si ritrasse, con una smorfia di disgusto.

Cercò di darsi un contegno, si stirò con le mani il camice bianco e si riavvicinò al bancone: non ci voleva un intuito particolare per comprendere che quei due arrivavano da un quartiere povero della città, uno di quelli dove luce e acqua erano razionati. Lo dicevano le facce che erano di un colore tendente al giallo, le mani di lui, con le nocche sbucciate dal freddo, gli abiti: quelli del bambino erano di almeno due taglie piú grandi, quelli dell'uomo erano consumati da troppi anni di utilizzo.

– La febbre va e viene, ma è la tosse che mi preoccupa di piú, durante la notte smette di rado... è proprio uno strazio.

– Cosa sta prendendo?

– Avevamo ancora in casa qualche pastiglia di paracetamolo che avevano dato a mia moglie con l'ultima gravidanza. Mi hanno detto che per la febbre va bene, abbiamo usato quello.

– Sí, ma per la tosse?

– Niente.

Il bambino tossí di nuovo, meno violentemente di prima e girandosi verso l'uomo, che non fece una piega.

Il farmacista continuò. – Sarebbe meglio portarlo in ospedale per fare una lastra ai polmoni, non vorrei che ci fosse un principio di polmonite.

L'uomo deglutí, mise una mano sulla testa del bambino e lo appoggiò per terra. Il bambino restò in piedi e con le mani si aggrappò alle sue gambe: gli arrivava all'inguine.

– Be'? Che c'è che non va? – insistette il farmacista.

– Non abbiamo l'assicurazione medica. O meglio: ce l'avevamo, ma non abbiamo i soldi per rinnovarla. Insomma: da gennaio siamo senza.

Questa era stata un'altra delle riforme della mafia arrivata al governo del Paese: l'abolizione del Sistema sanitario nazionale.

Prima la possibilità di accedere alle cure mediche era stata considerata un diritto soggettivo fondamentale: era ritenuto abominevole che potesse essere curato meglio un ricco rispetto a un povero. Per questo oltre cento anni prima erano state approvate leggi che avevano istituito un Sistema sanitario nazionale al quale chiunque, a prescindere dal reddito, poteva rivolgersi.

Certo, già prima che la mafia arrivasse al potere le cose avevano cominciato a prendere una piega diversa: era nato un sistema sanitario parallelo a quello pubblico, fatto di cliniche private. Chi aveva i soldi progressivamente si era spostato verso le cliniche private, che garantivano servizi piú ricercati, e un po' per volta il Sistema sanitario nazionale era andato in declino. Molti, per anni, avevano sospettato che il declino del Sistema sanitario nazionale fosse stato studiato a tavolino da politici corrotti e da imprenditori privati senza scrupoli: piú si indeboliva il

Sistema sanitario nazionale, piú le persone, pur di assicurarsi cure decenti in tempi ragionevoli, erano spinte a fare sacrifici economici per rivolgersi a cliniche private. Le cliniche private cosí aumentavano a dismisura i loro profitti, e una percentuale di questi profitti finiva nelle tasche dei politici corrotti.

Molte di queste cliniche private erano controllate dalle mafie che, cosí facendo, investivano in attività legali, corrompevano i politici e riciclavano il denaro sporco che proveniva dalla droga.

Quando la mafia era arrivata al governo del Paese aveva dato il colpo di grazia al Sistema sanitario nazionale, abolendolo.

C'era stata qualche tensione per questo... tra i mafiosi, a dire il vero. Sí, perché alcuni boss vecchia maniera, abituati a usare gli ospedali pubblici per infilarci dentro amici e parenti, e a rubare le scorte di medicinali per rivenderle sul mercato nero, temevano di perdere un ottimo affare. Ma i mafiosi di nuovo corso ebbero buon gioco a far notare ai vecchi boss che non c'era piú bisogno di fare le cose di nascosto, perché ormai loro stessi erano lo Stato.

Quindi si erano moltiplicate le assicurazioni private,

che offrivano coperture sanitarie di vario grado, a seconda dei soldi che uno aveva da spendere.

Quando i soldi finivano, l'assicurazione non era rinnovabile e tanti saluti. Restavano fuori da questo sistema soltanto gli interventi d'urgenza, per esempio in seguito a un incidente stradale. Ma era assicurato il minimo indispensabile per non morire in strada, e c'era il sospetto che nemmeno questo «minimo» fosse uguale per tutti.

– Il prossimo mese dovrei cominciare un nuovo lavoro e allora dovremmo riuscire a pagare di nuovo l'assicurazione.

– E allora mi sa che dovrà aspettare –. Lo disse senza alcuna inflessione: non era un problema suo e non voleva entrarci. Zero tenerezza.

– Ma almeno può darmi qualcosa per ammorbidire un po' la tosse?

Il farmacista lo guardò dall'alto in basso in tutti i sensi, considerò la situazione, armeggiò con un cassetto e tirò fuori una scatola. – Ecco, queste sono pastiglie a basso contenuto di miele. Sono quelle che costano meno. Occhio a non fargliene succhiare piú di tre al giorno, perché hanno un potente effetto lassativo.

L'uomo pagò e uscí.

Capitolo 6

L'uomo con il bambino in braccio si incamminò che imbruniva. Il bambino si era addormentato con la testa appoggiata al suo collo. A piedi, ci avrebbe messo un paio d'ore a tornare a casa.

Arrivarono che faceva buio ormai; erano le ultime strade prima della fine della città, le ultime case, l'asfalto scavato da buche provocate da anni di incuria, lampioni spenti con le lampadine bruciate o rotte a colpi di fionda, nell'aria un forte odore di spezie da cucina. Di quelle si abbondava per coprire l'odore della carne che si cucinava, perché quasi sempre era carne di scarto o di avanzo, in entrambi i casi puzzolente.

Il profilo del palazzone di cemento dove abitavano l'uomo e il bambino copriva soltanto in parte una collina piú alta che stava al di là.

Ai piedi della collina le luci della sera facevano brillare quello che sembrava un piccolo lago. O una grande pozzanghera.

Un grosso camion li superò mentre erano quasi arrivati al portone di ingresso del palazzo; il padre lo seguí con lo sguardo, lo faceva sempre, tutte le volte che incrociava un mezzo, fosse un'auto, un camion, un treno, una moto, o anche una bicicletta. Avrebbe dato cinque anni di vita pur di avere un mezzo per muoversi piú velocemente, e se avesse avuto un camion o una macchina ci avrebbe caricato su tutta la famiglia e se ne sarebbe andato.

I fari del camion illuminarono la collina alle spalle della casa: una montagna di rifiuti, cosí umidi e compatti da sembrare cementati.

Il laghetto altro non era che una grande pozza di liquame colato dalla montagna di rifiuti, che aveva trovato sfogo al di là della strada, in un avvallamento dove scaricava anche la fogna.

La gente si ammalava con una proporzione sui sani che non aveva uguali in tutta la città. Era evidente a tutti che le condizioni di vita erano seriamente compromesse da quella discarica a cielo aperto. Un tempo, prima che la mafia arrivasse al potere, la si sarebbe definita una «discarica abusiva», cioè illegale, ma oggi non piú: non c'era piú niente di abusivo, semplicemente perché era stato abolito il reato. Se non c'è il reato scritto da qualche parte, non c'è il crimine, punto e basta.

I mafiosi arrivati al governo avevano tolto dal Codice d'onore, che aveva sostituito il Codice penale, i reati che punivano chi inquinava l'ambiente gettando i rifiuti malamente: era piú comodo lasciare che gli imprenditori smaltissero i loro rifiuti come meglio credevano, purché lo facessero in periferia, cosí da non contaminare le zone residenziali della città. Avevano detto che cosí si sarebbe favorita la competizione, che gli imprenditori avrebbero avuto meno costi e quindi avrebbero garantito piú posti di lavoro: un affare per tutti, insomma.

Tranne per quelli che morivano a causa di quei rifiuti respirati per una vita intera. Ma erano vite di periferia, vite marginali, vite da sfigati, che valevano di meno. Sí, anche questo principio aveva avuto un grande successo con la mafia al governo: non tutte le vite valgono allo stesso modo.

Capitolo 7

Cella N. 11, terzo piano, fila sinistra

Cosa sarebbe la nostra vita se non potessimo piú avere accesso a quelle comodità apparentemente piccole, banali, che ci abituiamo a dare per scontate?

Se, svegliandoci al mattino, non avessimo potuto dormire in un letto con materasso, lenzuola e coperte. Se andando in bagno trovassimo soltanto un buco per terra: niente carta igienica e niente acqua corrente. Se non avessimo acqua nel lavandino per lavarci la faccia e i denti. Se non avessimo modo di tagliarci le unghie, accorciarci i capelli, pulirci le orecchie con del cotone. Se non potessimo indossare mutande e calze pulite, o rammendare quelle rotte. Se non potessimo fare colazione con del cibo sicuro, nutriente, buono.

Senza igiene, senza riposo, senza acqua, senza cibo, senza vestiti, la nostra vita diventerebbe un inferno in un giorno, in un giorno soltanto.

Senza una casa sicura, che escluda il terrore di essere bombardati, colpiti, sequestrati, disturbati, la nostra vita sarebbe un inferno.

Senza la possibilità di accedere a medicine e cure nel momento in cui ci sentissimo male, fosse anche soltanto per un'influenza, una diarrea, una colica, la nostra vita sarebbe un inferno.

La libertà che rende una porzione di umanità privilegiata è fatta innanzitutto di queste cose, che sembrano piccole, banali e scontate soltanto a chi sia cosí idiota da non comprendere la distanza enorme che esiste tra la qualità della vita di chi vi ha accesso e quella di chi invece – e sono tantissimi – queste cose le sogna e per cercarle è disposto a correre ogni rischio.

La possibilità di studiare, cercare la propria realizzazione nelle professioni, nelle relazioni familiari, presuppone tutte queste cose apparentemente piccole e banali, che hanno un prezzo, e questo prezzo qualcuno si incarica quotidianamente di saldarlo, spesso a scapito di tanti altri, perché è convinto che dare a ciascuno uguale accesso a queste cose piccole e banali sarebbe non soltanto impossibile, ma anche controproducente.

In piedi davanti alla porta blindata, le gambe divaricate, le mani sui fianchi, il compagno di cella del ragazzo pensava a queste cose, riconoscendo tra sé e sé di essere stato per anni uno di quegli idioti che non capivano piú il valore della propria libertà, che consiste innanzitutto nell'essere liberi dal bisogno e dalla paura.

Fissava ostinatamente la feritoia chiusa della porta blindata aspettando che si aprisse per la consegna del pasto, che sarebbe stato schifoso come al solito, ma almeno, nella pretesa di riceverlo a una certa ora e non piú tardi, ritrovava ancora la dignità di essere un individuo con dei diritti, e non soltanto un carcerato reietto e ammutolito.

I minuti passavano e non succedeva nulla.

Spazientito, tirò un calcio alla porta blindata, incurante della possibilità di essere sentito dalla guardia che stava nel corridoio e che per quel gesto di insofferenza lo avrebbe potuto punire; poi, spossato, si buttò a sedere sulla branda.

Il ragazzo si girò nella coperta che lo avvolgeva fino alla testa; tossiva, e non si era ancora tirato su a sedere nemmeno una volta, quel giorno.

Vincendo la disperazione che lo avvolgeva come un

nylon impermeabile e che gli permetteva di sopportare quella condizione, sopravvivendo, l'uomo si alzò e si sedette accanto al ragazzo.

Con la mano destra cercò la sua fronte: era calda, aveva senz'altro la febbre.

– Vuoi dell'acqua?

– Grazie, sí.

Ci mise un attimo il ragazzo a cogliere tutta la straordinarietà di quella manciata di parole e poco di piú a realizzare che aveva accanto a sé quell'uomo seduto.

La sensazione di straniamento durò qualche istante: in fondo lo avevano sentito entrambi che prima o poi avrebbero fraternizzato, andando oltre le poche frasi imbarazzate che si erano scambiati in quelle settimane.

Fu un sollievo per tutti e due avere bucato il nylon dell'indifferenza, avere avuto il coraggio della tenerezza, essersi ritrovati umani in quelle poche parole che dicevano del senso piú profondo della vita: prendersi cura gli uni degli altri.

Versò il contenuto della brocca che stava per terra nell'unica tazza di latta che avevano in cella: l'acqua era calda e la tazza aveva un cattivo odore di metallo e saliva, ma era meglio di niente.

Il ragazzo si fece forza e si mise a sedere.

L'uomo si sedette di nuovo sulla sua branda, standogli di fronte.

– Grazie! Io mi chiamo Johnny Spargo, ho diciott'anni e sono di qui.

Aveva ancora un nome e un cognome.

– Io mi chiamo Alfredo Ranucci, ero un giudice –. L'uomo non aveva bisogno di acqua, aveva bisogno di qualcuno che lo ascoltasse, che è un'altra forma d'acqua. – Ho preso servizio una decina di anni prima che la mafia riuscisse a prendere il potere nel Paese. Ero un pubblico ministero, cioè mi occupavo di coordinare le indagini della polizia giudiziaria, di formulare i capi di accusa e di rappresentarli in processo. Facevo parte della DDA.

– Cosa è la DDA?

– La Direzione distrettuale antimafia: un gruppo di pubblici ministeri specializzato nelle indagini contro la criminalità organizzata di stampo mafioso. Di questi gruppi specializzati ce n'era uno per capoluogo di regione, e in alcune regioni ce n'era piú di uno.

– Antimafia?

– Già! Ti sembra strano vero?

– Sí!

– Lo capisco: sei cosí giovane.

– Spiegati.

– Prima c'era il Codice penale, oggi c'è il Codice d'onore, e il Codice penale è stato abolito. E nel Codice penale c'era un articolo, il 416 bis, che descriveva la mafia e diceva che la mafia era un crimine grave. Cosí grave che i mafiosi dovevano essere puniti con molti anni di carcere, spesso scontati in regime di massima sicurezza, senza poter avere contatti con l'esterno.

– Pazzesco! E cosa diceva l'articolo...

– ... 416 bis. Diceva che è mafiosa quell'organizzazione criminale che, al fine di commettere delitti di qualunque tipo, si avvalga della forza di intimidazione del vincolo associativo, una forza tale da generare omertà e assoggettamento.

– Cioè, fammi capire: per questo Codice penale, che non c'è piú, era un reato grave formare una banda in grado di comandare sugli altri, facendo paura? –. Gli venne da ridere, poi continuò. – Ma chi non è organizzato in una banda non conta niente! E le bande contano proprio perché fanno paura, sennò a cosa servono? Ci sono bande dappertutto: sono i club. Tutti sanno che per fare carriera devi stare dentro a un club forte, e che chi ci sta deve comportarsi bene e chi non ci sta deve rimanere zitto e non andarsele a cercare –. Rise ancora. – Se oggi ci fosse ancora quel tuo Codice penale, sarebbero tutti da arrestare!

Rise anche il magistrato, soltanto con un angolo della bocca, ma rise, e non gli capitava da mesi. – Magari non proprio tutti, ma una buona parte, sí! Sai, la forza di intimidazione del vincolo associativo è una cosa seria, non basta che tu fondi un club, non basta che tu voglia agevolare chi fa parte del tuo club, bisogna anche che tu sia disposto a usare davvero la violenza nel caso in cui qualcuno dei tuoi disubbidisca o qualcun altro dia fastidio al tuo club. La chiamavamo «riserva di violenza» e, credimi, non è da tutti.

– Sarà come dici tu, però secondo me è una violenza anche quando hai le carte in regola per ottenere un certo incarico e ti passa davanti un altro soltanto perché fa parte di un club piú potente del tuo, e tu devi stare zitto, sennò non avrai né quell'incarico, né altri. Non è una violenza anche questa?

– Saresti stato un buon pubblico ministero!

Risero entrambi.

Il giudice proseguí. – Diciamo che le organizzazioni mafiose che indagavamo noi avevano a disposizione armi vere e proprie: pistole automatiche, fucili d'assalto, esplosivo... addirittura lanciarazzi e telecomandi molto sofisticati. Ma sono d'accordo con te: la violenza è una cosa che va al di là del sangue.

– Comunque davvero non capisco: è la prima volta in vita mia che sento dire che la mafia era reato. E poi perché l'articolo del Codice penale di cui mi parli era il 416 *bis*? Ce n'erano due?

– No, non ce n'erano due. Si chiamava 416 bis perché era stato infilato dentro il Codice penale a un certo punto della storia, cioè non era un articolo presente fin dall'inizio. Quando si decideva di inserire un reato nuovo nel Codice penale, diciamo, per fargli posto tra un articolo e l'altro, lo si chiamava «bis» o addirittura «ter» o «quater», a seconda che fosse una prima aggiunta o una seconda o addirittura una terza.

– E quando venne infilato questo 416 bis?

– Oltre un secolo fa: nel 1982.

– Perché?

– C'era un politico, in quegli anni, che denunciava la mafia sul territorio siciliano: si chiamava Pio La Torre, faceva parte del Partito comunista e si batteva perché la mafia fosse considerata un reato, e che questo reato specifico fosse inserito nel Codice penale. Pio La Torre non sopportava né la mafia né la guerra, e nemmeno i fascisti!

– I fascisti?

– Sí: i fascisti, stessa pasta dei mafiosi.

– E che gli è successo, a questo Pio La Torre?

– È successo che l'hanno ammazzato. Lui insieme al suo autista, era il 30 aprile.

– Ah! A quel punto hanno infilato il 416 bis?

– No: non erano ancora convinti, la maggioranza dei politici di allora pensava che iscrivere nel Codice penale un reato del genere, e quindi dichiarare la mafia un crimine, sarebbe stato una follia. Erano spaventati, corrotti o ignoranti... o forse un po' di tutte e tre le cose insieme.

– E allora?

– Qualche mese dopo, il 3 settembre di quello stesso anno, i mafiosi ammazzarono il generale Carlo Alberto Dalla Chiesa, che era stato mandato a fare il prefetto a Palermo. Con lui morirono sua moglie e l'agente di scorta che li accompagnava... A quel punto, finalmente, il Parlamento italiano si decise e fece una legge per inserire nel Codice penale il 416 bis: la mafia, da quel momento, era un reato e i mafiosi andavano trovati, processati e condannati.

– Che strana questa storia!

– Perché?

– Per me la mafia non è un reato. È come se io fossi nato prima del 1982. Siamo tornati indietro di piú di un secolo?

– In qualche modo hai ragione. È come se si fosse chiusa una parentesi: noi pensavamo che tra parentesi dovesse finirci la mafia, cioè che la mafia sarebbe stata ricordata come un fenomeno estirpato, con una data di nascita e una data di morte, e invece ci siamo finiti noi tra parentesi. Noi siamo stati l'eccezione, la mafia invece è la regola al punto che ora le detta lei, le regole!

Il tono del magistrato si era alzato, la voce era diventata piú rauca, non c'era piú il sorriso sulle sue labbra, ma di nuovo una smorfia di dolore.

– Com'è possibile che un'azione cattiva, che fa male, prima non sia un reato, poi diventi un reato e poi ancora venga tolta dall'elenco dei reati? O è cattiva o non lo è! – esclamò Johnny.

– Scusa, ma tu perché sei qui in carcere?

– Ma che ne so! Sono stato arrestato, mi sono venuti a

prendere a casa che non era ancora spuntato il giorno. Ho provato a chiedere, a puntare i piedi, uno mi ha ficcato un pugno nello stomaco, mi ha ammanettato e portato qui. Non ho parlato ancora con nessuno: mi avevano detto che sarei stato qualche settimana in arresto e poi avrei incontrato il giudice. Di settimane ormai ne sono passate tre, ma non ho ancora visto nessuno.

– E ti sembra normale?

– E che ne so, se è normale. Se la legge dice che si fa cosí, sarà cosí che si deve fare...

Il giudice tirò un pugno sulla branda. – È questo il punto! È questo il problema!

– Cioè?

– Dicevi poco fa che ti sembra strana la storia che ti ho raccontato, perché se un'azione è cattiva è cattiva sempre, e come mai allora per un certo periodo è reato e poi non lo è piú? Giusto?

– Eh, sí.

– Perché non è vero che un'azione se è cattiva è cattiva sempre, dipende da cosa ne pensano le persone che vivono in un certo posto, in un certo momento.

– Non ti seguo.

– Scusa, ma a te sembra normale aprire il petto di un

morto, prenderne il cuore e mangiarlo, perché cosí lo spirito del morto diventa una parte del tuo?

– Che schifezza! No, non mi sembra normale: si chiama cannibalismo ed è una cosa che non si fa.

– E invece ci sono state, e forse da qualche parte ci sono ancora, delle popolazioni per cui fare quello che ti ho detto non solo non è una schifezza, e nemmeno una cosa cattiva, ma è addirittura una cosa sacra, superbuona!

– E quindi?

– E quindi buono o cattivo non esistono una volta per tutte. Buono o cattivo non sono come il sole e la luna, come le nuvole o i fiori nei prati. Buono o cattivo è quello che a un certo punto viene deciso che è buono o cattivo.

– E chi decide cosa è buono o cattivo?

– Chi ha la forza per farlo.

– Geniale!

– Non sto scherzando. Se hai la fortuna di vivere in una democrazia, la forza di decidere che cosa è buono e che cosa è cattivo ce l'ha la maggioranza dei rappresentanti del popolo. Se sei sfortunato e vivi in una dittatura, la forza di decidere che cosa è buono e che cosa è cattivo ce l'ha chi comanda.

– Be', un secolo fa c'era la democrazia, eppure ci sono voluti un bel po' di morti ammazzati per far diventare la mafia un reato, se non ho capito male. Non mi pare che la democrazia funzioni tanto meglio di una dittatura.

– Eh, di facile da far funzionare non c'è niente. Diciamo che in democrazia hai la possibilità di dire quello che pensi, di organizzare un movimento sulla base di quello che pensi e, se sei bravo, convincente e anche fortunato, puoi diventare maggioranza e quindi decidere. Certo non è facile, no. Però hai una possibilità, mentre con la dittatura non hai nemmeno quella.

La feritoia si aprí di scatto e spuntò il vassoio.

Consumarono il cibo provando un po' meno ribrezzo del solito: la discussione li aveva messi un po' piú di buon umore.

– Noi pensavamo che avremmo messo tra parentesi la mafia... – Il giudice riprese dal nulla a parlare mentre masticava. – Invece è stata la mafia a mettere tra parentesi noi –. Un altro boccone.

Il ragazzo lo guardava, ma non diceva niente, aspettava senza interferire, curioso.

– Negli stessi anni di La Torre c'era un giudice che lavorava a Palermo. Anche lui cercava di indagare e processare i mafiosi che allora facevano un sacco di soldi con l'eroina, perché a quel tempo era proibita. Si chiamava Falcone, Giovanni Falcone. Fu lui a dire questa cosa, una volta, mentre lo intervistavano. La giornalista gli chiese: «Dottor Falcone, allora questa mafia, la sconfiggeremo?» E lui rispose: «La mafia non è affatto invincibile, è un fatto umano e come tutti i fatti umani ha un inizio e avrà anche una fine». Falcone insomma era convinto che avremmo messo la mafia tra parentesi... e invece.

– Invece? Cosa diavolo è successo?

La feritoia si aprí. Bisognava restituire il vassoio, poi cominciava il silenzio: era vietato parlare in cella dopo la cena.

Capitolo 8

– Dormi?

– Ehi, sei matto! Se ci sentono ci puniscono!

– Se vuoi sapere cosa è successo te lo posso raccontare soltanto di notte, di giorno sarebbe troppo pericoloso. Di notte dormono anche loro, sono certi che abbiamo abbastanza paura da non rischiare.

– Okay.

– Vieni qui, devo parlare piano.

Si sedettero l'uno accanto all'altro sulla branda del magistrato, le schiene contro il muro, le gambe in avanti, le coperte addosso.

– Avevamo lavorato per mesi a una grande operazione. C'erano alcuni mafiosi che avevano deciso di collaborare con la magistratura e sembravano credibili: ci avevano fatto ritrovare un grande arsenale di armi nascosto in un garage nel centro di Roma. Questi mafiosi ci stavano confermando quello che sospettavamo da tempo, e cioè che le mafie avessero un'unica cabina di regia e che questa cabina di regia fosse in contatto con alcuni vertici politici, gente che stava al governo.

– Come adesso, insomma!

– Eh, ma allora era un crimine grave! Da anni sospettavamo che Cosa nostra, stidda, Sacra corona unita, 'ndrangheta, camorra, Aquile Nere, mafia cinese e georgiana, almeno sugli affari piú grossi, si mettessero d'accordo: il traffico di rifiuti tossici, le armi, la droga, il controllo della prostituzione... ma soprattutto gli appalti pubblici, che erano una fetta molto importante degli introiti mafiosi. Poi immaginavamo che queste organizzazioni si accordassero su un'altra questione: il riciclaggio del denaro guadagnato attraverso le attività criminali. Montagne di denaro sporco, che andavano lavate per diventare denaro insospettabile, che potesse essere impiegato senza correre il rischio che noi lo sequestrassimo.

– E perché anche per lavare il denaro pensavate che si accordassero?

– Primo perché era tantissimo, secondo perché nei

decenni gli strumenti di controllo finanziario erano stati potenziati, nessuna transazione monetaria veniva piú fatta in contanti, tutto era digitalizzato, tutto tracciato, tutto certificato, quasi impossibile nascondere i soldi sporchi in un punto del sistema e farli comparire in un altro punto puliti. A meno che...

Nel corridoio si sentí una porta sbattere con violenza; i due si irrigidirono e istintivamente si strinsero uno vicino all'altro.

Dopo una pausa di silenzio di qualche minuto non accadde niente, e il magistrato riprese. – A meno che tu non avessi dei complici ai vertici del sistema bancario disposti a truffare la legge, mescolando i soldi digitali in modo da renderli irriconoscibili, e soprattutto falsificando i rapporti che le banche erano obbligate a inviare ogni mese all'Ufficio informazioni finanziarie della Banca d'Italia, che poi le avrebbe triangolate con la banca dati dell'Unione europea e della Banca centrale europea.

– E li avevano?

– Sospettavamo di sí... ma non sarebbero bastati.

– Cioè?

– Servivano anche complici nel governo, perché il

governo aveva un apparato di ispettori finanziari, la Guardia di finanza, e avrebbe potuto fare controlli approfonditi su come le banche operassero, di quanti soldi disponessero effettivamente, di come giustificassero quella liquidità... Gli ispettori finanziari avrebbero potuto persino arrivare a sequestrare preventivamente intere banche, se avessero scoperto una sproporzione tra quantità di denaro legalmente dichiarata e volume di operazioni finanziarie prodotte. Capisci?

– Piú o meno.

– Se tu, banca, dici di avere cento milioni di euro in cassa, mi aspetto che poi tu faccia operazioni bancarie proporzionate a quel tesoro che dici di avere a disposizione; ma se poi mi accorgo che invece il volume delle operazioni bancarie che fai è di gran lunga superiore al tesoro che hai detto di avere, comincio a sentire puzza di bruciato. È come il giocatore di poker che bara, tenendosi un asso nella manica: gioca con piú carte di quelle dichiarate e per di piú di grande valore, un jolly!

– Capito!

– Insomma: pensavamo davvero che saremmo potuti arrivare a sequestrare intere banche e a incriminare quei politici che, stando al governo, agivano per frenare o depistare l'azione di controllo e prevenzione. Sarebbe stata una bomba!

– Lavorammo per mesi, in assoluto segreto, come dei matti, per acquisire tutti i riscontri che la legge imponeva per avvalorare le dichiarazioni dei cosiddetti «pentiti», cioè i mafiosi che collaboravano.

– Ci stavate riuscendo?

– Sí. Ma ci mancava la prova regina, «la pistola fumante», come si dice in gergo: avevamo tracciato i rapporti tra la supercupola mafiosa e i top manager di alcune grandi banche, sapevamo in che modo falsificavano i rapporti e movimentavano quelle montagne di denaro facendole scomparire e ricomparire altrove... ma non avevamo la traccia dei rapporti tra questi top manager e il governo. Erano troppo prudenti, non usavano i telefoni, non scrivevano niente, non parlavano mai in luoghi pubblici e nemmeno in luoghi riservati. Li avevamo pedinati, intercettati... niente di niente. Eravamo al palo.

– E poi, che è successo?

– Un colpo di scena: un giorno nel mio ufficio in procura arriva un alto funzionario del SISMA...

– Cos'è il SISMA?

– Il Servizio informazioni per la sicurezza modalità avanzata. Insomma, i nostri servizi segreti unificati, dopo la riforma del 2040, quando un grande scandalo aveva fatto saltare i vertici delle due agenzie di intelligence che avevamo, AISI e AISE. I magistrati avevano scoperto che le due agenzie erano state infiltrate da agenti sotto copertura che rispondevano al governo cinese, al quale passavano sistematicamente tutte le informazioni classificate. Un disastro!

– Farabutti!

– Già. Comunque, si presenta nel mio ufficio questo alto funzionario del SISMA e mi dice che un agente dello spionaggio russo infiltrato nel governo italiano aveva deciso di disertare e di passare con i servizi italiani.

– E perché?

– Già, gliel'ho chiesto subito anche io. Per una spia, disertare e cambiare bandiera è un doppio salto mortale: rischi di essere fatto fuori dai tuoi e di non essere creduto dai nuovi alleati. Muori due volte.

– E lui cosa ti ha detto?

– Che si era innamorato! Sí, si era innamorato di una poliziotta italiana, che avrebbe dovuto soltanto usare come informatrice inconsapevole. Insomma: avrebbe dovuto sedurla solo per farla parlare... e invece era rimasto sedotto lui. Questa spia pentita e innamorata le dice che non voleva usarla, non voleva esporla, non voleva lasciarla... insomma: la amava! E per lei era pronto a cambiare bandiera, pur di avere in cambio una nuova copertura e poterla sposare.

– Romantico.

– Strappalacrime!

– E poi?

– E poi il funzionario del SISMA mi ha detto che questa spia innamorata aveva raccontato di sapere dove il ministro dell'Interno e quello che consideravamo il rappresentante della cupola mafiosa si incontravano per gestire il rapporto con le banche.

– Dovevate andarci subito.

– Non ce n'era bisogno. La spia innamorata aveva documentato per mesi questi incontri riservati che avvenivano in una villa vicino ad Arezzo, una specie di agriturismo di lusso dove i pranzi e le battute di caccia erano un'ottima copertura. La villa aveva un bunker nel sottosuolo, non soltanto blindato, ma completamente schermato, in pratica invisibile. E la nostra spia innamorata, sfruttando la sua copertura governativa, era riuscito niente meno che ad accompagnare il ministro dell'Interno in questi incontri.

– Bingo!

– Già, bingo! A dir la verità, la documentazione prodotta da una spia in tribunale non valeva niente, non era una prova legale, ma il boccone era cosí ghiotto che ci decidemmo a adottare una piccola forzatura formale: facemmo passare quelle registrazioni come effettuate da noi. Le facemmo nostre, come se quel bunker non fosse stato invisibile e inaccessibile, ma penetrabile dai nostri sistemi...

– Ma era legale?

– Non proprio, ma ci sembrava una forzatura sostenibile. Insomma: la sostanza delle informazioni era veritiera.

– La mattina in cui scattò l'operazione avevamo mobilitato oltre cinquecento uomini, cinque elicotteri, unità cinofile, in dieci città contemporaneamente. Per le undici del mattino avevamo convocato una conferenza stampa che si annunciava bollente: ci sarebbero stati tutti, radio, televisioni, portali, tutti!

«Alle nove del mattino ci arrivò la notizia da Roma, Palazzo Chigi: i nostri uomini avevano appena notificato il mandato di arresto al presidente del Consiglio in persona, che risultava essere direttamente coinvolto negli incontri seguenti nella villa vicino ad Arezzo. L'accusa era quella di concorso in associazione mafiosa, piú una serie di reati connessi.

«Alle undici io e il capo della procura, insieme agli ufficiali piú alti in grado delle forze di polizia coinvolte, scendemmo in sala stampa: sembrava un set cinematografico. Riflettori puntati sul tavolo e verso il soffitto, almeno cinquanta microfoni schierati, facce avide di giornalisti noti e meno noti.

«Uno spettacolo.

«Alle undici e quindici il capo della procura prese la parola e raccontò i fatti, i capi di accusa, descrisse l'ipotesi sulla quale avevamo lavorato: un'unica regia criminale tra le mafie operanti nel Paese e un collegamento decisivo con il sistema bancario e con il governo. La mafia era un azionista di primo piano della politica che contava e la politica contava anche grazie al rapporto con la mafia: un rapporto simbiotico che aveva avvelenato la democrazia, minato la libertà dei cittadini. Ma per fortuna la magistratura si apprestava a ripristinare la legalità. Il diritto avrebbe trionfato!

«Applaudirono di slancio anche i giornalisti che di solito non lo fanno mai. Fu un trionfo.

«Tutti gli imputati si dichiararono innocenti, il presidente del Consiglio si appellò all'immunità parlamentare per non essere arrestato. Infatti non fu arrestato, ma la decisione di autorizzare l'arresto venne affidata al Parlamento.

«Il Paese fu attraversato come da una scossa, benefica.

«Come se qualcuno avesse improvvisamente strappato un tendaggio pesante, spalancato le finestre in una stanza buia e soffocante: c'era un'aria frizzante dappertutto.

«A fatica, noi magistrati riuscivamo a sottrarci alla curiosità dei giornalisti che assediavano a tutte le ore i nostri uffici, all'affetto dei cittadini che ci aspettavano in strada, costringendo le nostre scorte a inventarsi ogni espediente per tutelare la nostra incolumità, non potendo escludere che tra i cittadini affettuosi ci fossero anche alcuni malintenzionati: dopotutto, avevamo smantellato un'organizzazione criminale mafiosa di proporzioni mai viste.

«Pensa che un giorno le manifestazioni a sostegno della magistratura furono cosí invasive che non ci fu alternativa a farci uscire dal palazzo se non un elicottero, che dovette venirci a prendere sul tetto del palazzo di Giustizia.

«Si avvicinava il giorno in cui il Parlamento doveva votare l'autorizzazione all'arresto del presidente del Consiglio; la pressione aumentava, per tutti.

«Era un giorno di marzo quando il Parlamento votò; tutti i capi dei partiti presenti in aula si appellarono al principio, sacrosanto, della presunzione di innocenza fino al terzo grado di giudizio. Tutti spesero parole di stima nei confronti del presidente del Consiglio e contemporaneamente di apprezzamento e di rispetto verso la magistratura. Tutti si augurarono che il processo potesse, nonostante la serietà del lavoro fatto dalla procura e dalle forze dell'ordine, dimostrare l'estraneità del presidente del Consiglio ai capi di accusa che gli venivano contestati. Ne andava della credibilità di tutte le istituzioni. Tutti avevano auspicato che la giustizia facesse il suo corso nel piú breve tempo possibile, ma con serenità, perché tutto il Paese si chiedeva da chi fosse stato governato fino a quel giorno. E, con un po' di opportunismo, se lo chiedevano pure i capi dei partiti che stavano in Parlamento, anche se qualche informazione in piú questi la dovevano pur avere...

– E i mafiosi fatti arrestare cosa dicevano?

– Niente, assolutamente niente, muti come tombe. La cosa che ci impressionava è che non avevano fatto nemmeno ricorso contro gli arresti, non avevano protestato, non si erano dichiarati estranei ai fatti: stavano semplicemente zitti e sembravano sereni, come se fossero stati ancora, nonostante gli arresti, padroni del gioco. Noi sapevamo di avere una quantità di prove tale da essere schiacciante, eppure loro sembravano piú tranquilli di noi.

«Il Parlamento votò a larghissima maggioranza l'autorizzazione all'arresto del presidente del Consiglio, e non avrebbe potuto fare diversamente.

«Un minuto dopo il voto del Parlamento, che dagli anni Quaranta dello scorso secolo era diventato monocamerale...

– Cioè?

– Cioè prima c'erano due camere: la Camera dei deputati e il Senato della Repubblica. Ma con una riforma costituzionale, negli anni Quaranta, il Senato era stato abolito e la Camera dei deputati portata a seicento componenti. Quindi il Parlamento era composto da una camera soltanto. Dicevo, un minuto dopo che il Parlamento ebbe votato l'autorizzazione, io chiamai al telefono il questore di Roma dicendogli che potevano andare a prendere il presidente del Consiglio.

«Mi sedetti alla mia scrivania e accesi la tivú al plasma che avevo sulla parete davanti: sapevo che tutte le telecamere del mondo erano davanti a Palazzo Chigi e volevo assistere all'arresto del presidente attraverso le immagini che avrebbero fatto il giro del mondo. Sarebbe stato il coronamento di anni di sacrifici e di totale dedizione alle indagini. Avevo un'agitazione che non mi lasciava, un vago presentimento sciagurato, ma mi dissi che era soltanto scaramanzia, insomma: speravo che tutto andasse per il meglio. Poi sarebbe cominciato il processo vero e proprio, e avremmo avuto almeno due anni di udienze prima della sentenza.

«Vidi nelle immagini le macchine della polizia arrivare a Palazzo Chigi, due nel cortile interno, altre quattro si misero nello spazio antistante; via del Corso era chiusa al traffico, tutti tranne i giornalisti accreditati erano stati fatti allontanare nel raggio di centinaia di metri.

«I minuti passavano e le macchine non uscivano. Poi il telefono sulla mia scrivania squillò. Era il questore. "Dottore", mi disse, "il presidente si è sparato". Silenzio. "Dottore mi sente? Il presidente si è sparato al cuore, è per terra, è morto". Silenzio.

«Raccolsi velocemente le idee e cercai di reagire. "Chiamate subito l'ambulanza e non dite niente ai giornalisti". Sentii la mia voce metallica uscire dalla bocca, non avevo piú una goccia di saliva e avevo un'incontenibile urgenza.

«La notizia del suicidio del presidente si diffuse come un lampo in tutto il mondo. Noi eravamo sgomenti, non rispondemmo alle richieste dei giornalisti. Ci limitammo a una nota ufficiale che descriveva il nostro rammarico e la nostra umana vicinanza alla famiglia del presidente.

«Sui media, da quella sera, il tenore degli interventi sulla nostra operazione cominciò a cambiare: quella che fino a quel punto era sembrata la festa del riscatto, stonò improvvisamente. Uno schizzo rosso si impresse nella mente di tutti i cittadini. Insinuò il primo dubbio: forse i magistrati avevano esagerato, forse il presidente era innocente, forse...

– Il tuo presentimento si era rivelato fondato, allora.

– Purtroppo sí, e non sai ancora quanto.

– Perché, cosa accadde dopo?

– Quando il processo si aprí ed entrò nel vivo accaddero in rapida successione due fatti gravissimi: i cosiddetti «pentiti» che avevano collaborato con noi, raccontandoci tutto quello che sapevamo sull'organizzazione mafiosa unitaria, ritrattarono. Negarono tutto!

– Potevano farlo?

– Sí, perché anche se avevano messo a verbale le prime denunce, è nel processo poi che tutto va confermato. È nel processo che i testimoni devono raccontare le cose di cui hanno precedentemente riferito: si dice che la prova si forma in dibattimento, cioè durante il processo.

– E voi non potevate impedirglielo?

– Potevamo, come in realtà abbiamo fatto, denunciarli per falsa testimonianza, ma per questo serviva un nuovo processo. Loro però affondarono il colpo dicendo che avevano confessato soltanto perché erano stati costretti da noi attraverso minacce e intimidazioni. D'un tratto potevamo trovarci noi sul banco degli impuntati! Ma la cosa piú grave fu un'altra: lo spione innamorato sparí dalla sera alla mattina, irreperibile, e le registrazioni che ci aveva fornito e che noi avevamo forzatamente acquisito non resistettero a una perizia della difesa: risultarono tutte artefatte, manipolate. In maniera molto sofisticata, al punto che sembravano autentiche, ma non lo erano. Infatti ci fu poi il modo di dimostrare che erano registrazioni false, montate ad arte, raccogliendo, campionando e cucendo insieme registrazioni video e audio fatte in altre circostanze dai protagonisti. Insomma, un gigantesco castello di carte ci cadde addosso. Eravamo stati raggirati, manipolati fin dall'inizio. Anche il funzionario del SISMA che era venuto a parlarmi risultò irreperibile e l'Ufficio centrale del servizio negò che fosse mai stato uno dei loro. Un fantasma, che potevamo addirittura esserci inventati noi.

– Qualcuno lo pensò?

– Di piú: qualcuno cominciò a dirlo in tivú, sui giornali. Qualcuno cominciò a manifestare il dubbio che fosse stata tutta una macchinazione della magistratura per delegittimare il potere politico e andare al governo. Lo chiamarono «golpe giudiziario».

– Cioè?

– Cioè un colpo di Stato organizzato da noi, dalla magistratura, per buttare a mare un'intera classe dirigente con la terribile accusa di essere funzionale alla mafia per poi sostituirla.

– Brutta storia!

– Terribile. A quel punto capii perché i mafiosi in carcere erano sembrati cosí tranquilli, cosí stranamente padroni del gioco. Lo erano, infatti. Con il presidente morto suicida per colpa delle nostre accuse, accuse che però si basavano su pentiti che avevano ritrattato, registrazioni false e testimoni del SISMA irreperibili, la situazione si faceva di ora in ora piú incandescente.

«I mafiosi vennero scarcerati. Il presidente del tribunale sospese le udienze, decretò il non luogo a procedere e ordinò alla procura un supplemento di indagini, che era un modo per dirci di ricominciare da capo. Ma avremmo dovuto cambiare anche i capi di accusa, perché nessuno può essere processato due volte per lo stesso reato.

«Il nostro ufficio era allo sbando, non sapevamo che pesci pigliare. C'era un misto di rabbia, perché sapevamo di essere stati raggirati ma non potevamo dimostrarlo, di smarrimento per la morte del presidente, e di vergogna ad affrontare lo sguardo dei cittadini, che erano stati cosí fieri di noi e ora ci vedevano con ostilità. Ma, se possibile, il peggio doveva ancora venire.

– Peggio di cosí?

– Sí… purtroppo sí.

Capitolo 9

Johnny tirò su le gambe e le incrociò, coprendosi meglio che poteva sotto la coperta: la notte scivolava via e il freddo si faceva piú pungente. Il magistrato sembrava non sentire niente, seguiva il filo del suo racconto e negli occhi riviveva quello che era successo.

– A un mese dalla morte del presidente del Consiglio venne organizzata dal suo partito una veglia di preghiera. Parteciparono migliaia di persone, che si raccolsero davanti a Palazzo Chigi. Fece buio e vennero accese migliaia di torce; davanti al portone chiuso del palazzo del governo c'era una grande vela con il volto del presidente: l'effetto, ti garantisco, era molto forte.

«Prese la parola la figlia maggiore, che commosse tutti con un ricordo vivido di quell'uomo che noi avevamo ritenuto essere il punto di contatto piú importante tra istituzioni e mafia, e che ora veniva descritto, una volta per tutte, come un padre affettuoso, un cittadino onesto, un politico appassionato, un servitore delle istituzioni competente e leale... Tutto ciò era stato distrutto dalla magistratura, che predicava la giustizia, ma desiderava il potere. Sopraffatta dall'emozione, la figlia si interruppe e scoppiò un lunghissimo applauso.

«Dopo di lei prese il microfono un uomo che urlò: "Anche io sono stato distrutto dai giudici!" Quella frase fu come benzina sul fuoco, e dalla folla si alzarono altre grida: "Anche io!" "Anche io!" e poi "Maledetti!" "Questa storia deve finire!". La folla che era stata convocata per una commemorazione un poco alla volta si stava trasformando in una massa agitata e pronta a tutto. Quando qualcuno gridò: "Occupiamo la Cassazione!", la folla agitata trovò uno sfogo, un obiettivo, e divenne un corteo. Le fiaccole ora brandite come bastoni davano un'impressione molto piú sinistra.

«Nessuno li fermò e questo ci preoccupò molto. Nessuno intervenne a difesa del palazzo del tribunale supremo, la Cassazione.

«Fu una notte terribile: il palazzo venne occupato e dato alle fiamme. I vigili del fuoco arrivarono soltanto dopo mezz'ora, quando ormai il fuoco aveva divorato una grande parte dell'edificio.

«L'alba si trasformò in un incubo: venivamo raggiunti da notizie terribili da ogni parte d'Italia. Come se ci fosse stata una regia, come se il territorio fosse stato cosparso di polvere da sparo pronta a infiammarsi, erano decine le manifestazioni violente esplose. Tribunali dati alle fiamme, giudici in fuga, poca o nulla resistenza da parte delle forze dell'ordine e vigili del fuoco che intervenivano tardi e con mezzi inadeguati.

«Sembrava che una rabbia profonda e per anni soffocata fosse finalmente esplosa, che una generalizzata insofferenza verso la legge, verso il diritto, verso la Costituzione, avesse finalmente trovato un pretesto per scatenarsi, una giustificazione per non vergognarsi della propria brutalità.

«I politici stavano chiusi nel Palazzo di Montecitorio e sembrava che non avessero la minima idea di come riportare l'ordine: i capi dei vari partiti avevano fatto appelli alla calma, che però erano scivolati via come acqua sui vetri.

«Non si contavano le macchine incendiate, i mezzi pubblici dirottati, saccheggi e devastazioni. Non capivamo dove volessero arrivare.

– Già... come è stato possibile? Tutta questa rabbia è stata scatenata dal suicidio del presidente e dal fallimento della vostra inchiesta?

– Oggi sono convinto che fu una miscela di cose diverse. Sono certo, anche se non ho le prove per dimostrarlo, che fu la mafia a organizzare in modo capillare questa insurrezione contro la magistratura. Ma non basta la mafia. No, ci fu qualcos'altro, di piú profondo, la mafia fu l'innesco, la mafia ci mise l'intenzione. Prova a immaginare un grande masso in bilico sul ciglio di una montagna: basta una spinta perché cominci a rotolare giú spaccando ogni cosa, trascinando con sé tutto quello che trova, diventando valanga. Però quella spinta la deve ricevere. Ecco, io oggi sono convinto che la mafia diede la spinta al grande masso, ma che quel masso ci fosse già e fosse pronto a diventare valanga da un pezzo. Ma la storia, che ha bisogno di masse, non la fanno le masse, la fanno le spinte che talvolta sono grandi quanto un dito, ma forti come dinamite. La mafia aveva capito che doveva tentare il tutto per tutto, altrimenti la nostra capacità investigativa l'avrebbe piegata per sempre. Saremmo riusciti a metterla tra parentesi. La mafia ha capito che, o alzava la posta puntando a prendere il potere istituzionale, diventando definitivamente Stato, o sarebbe stata sgominata. La strategia della convivenza con lo Stato, che aveva funzionato per oltre due secoli, non era piú conveniente.

– Ma... e la massa? Cioè, il masso? Come si era formato, perché era cosí grande quell'insofferenza? Perché il dito puntato dei mafiosi riuscí a smuovere una cosa tanto devastante?

– Ecco il punto!

– Tu lo hai capito?

– Ho delle convinzioni...

– ... che non puoi provare! Senti: siamo in galera, è difficile per chiunque qui dentro andare oltre le proprie convinzioni! Allora, dimmi, perché la gente, che non era mafiosa, si fece massa, diventò un masso e si fece spingere giú dal dito mafioso?

– Perché si era stufata da un pezzo della legalità.

– Cioè?

– La nostra Costituzione, che era stata scritta dopo la Seconda guerra mondiale dopo vent'anni di dittatura fascista, dopo il nazismo e i campi di concentramento, aveva stabilito un principio molto chiaro e fondamentale: ogni essere umano è portatore della medesima dignità e quindi tutti sono uguali davanti alla legge, che deve trattare tutti nello stesso modo, senza discriminazioni. Anzi, la nostra Costituzione aveva, all'articolo 3, una cosa straordinaria che tutto il mondo ci invidiava: un ordine categorico dato una volta per tutte alla Repubblica.

– La Costituzione dava un ordine alla Repubblica? Cioè?

– Cioè non si limitava a descrivere come stavano le cose e come si sarebbe dovuto fare per portarle avanti in un certo modo, per esempio come eleggere i deputati, come eleggere il presidente della Repubblica, come fare una legge eccetera. Ma diceva anche in che direzione la futura azione delle istituzioni si sarebbe dovuta muovere: in questo senso la Costituzione dava un ordine alla Repubblica.

– Ah, ho capito. E cosa diceva quest'ordine?

– Che la Repubblica doveva impegnarsi a rimuovere ogni ostacolo economico e sociale che di fatto potesse provocare una discriminazione tra i cittadini, in modo che a ognuno fossero date le stesse opportunità e che nessuno dovesse essere penalizzato per il colore della pelle, per la fede, per il genere sessuale eccetera. Insomma, immagina una gara di atletica, di corsa... Tu corri?

– Sí, correvo da ragazzino, i cinquemila metri, era la mia specialità.

– Ecco, immagina il gruppo degli atleti sulla linea di partenza. Immagina che fra tutti ce ne sia uno di origine africana, con la pelle nera, uno di religione musulmana, uno figlio di disoccupati, uno con soltanto la licenza elementare, uno che ci vede poco... e immagina che ognuno di loro abbia attaccata alla gamba destra una pietra da dieci chili. Sarebbe giusto?

– Per niente!

– Ecco, immagina che l'arbitro, prima di dare il via, entri in pista e con un paio di pinze liberi tutti questi concorrenti dal macigno che avevano alla caviglia per permettere a ciascuno di competere con le stesse opportunità.

– Ma a quello che ci vede poco non sarebbe bastato liberarsi dalla pietra per avere le stesse opportunità degli altri.

– Bravo! Infatti a lui l'arbitro avrebbe anche assegnato un compagno di corsa con il solo compito di tenerlo nella direzione giusta. Un aiuto in piú, non soltanto un peso in meno, per compensare uno svantaggio ulteriore.

– Giusto!

– Infatti: questa era la legalità secondo la nostra Costituzione.

– Bello!

– Già, ma faticoso.

– Faticoso?

– Sí, perché pensaci bene: in quanti hanno voglia di giocarsela ad armi pari nella vita? Quanti hanno voglia di correre, di misurarsi per quello che valgono?

– Non lo so, non ci ho mai pensato fino a oggi.

– In pochi, te lo dico io. Per correre bisogna avere un sogno da realizzare e i sogni sono piú rari di quanto tu possa credere. Per misurarsi con il proprio valore bisogna correre il rischio di non valere abbastanza, di fallire. Bisogna avere la pazienza di allenarsi, spesso di sacrificarsi...

– Quando mi allenavo, mi alzavo tutte le mattine alle sei e mi facevo quaranta minuti di corsa, buio e pioggia non cambiavano niente, prima di andare a scuola.

– Ecco, appunto, lo vedi?

– I miei compagni dicevano che ero un matto.

– Un matto, esattamente!

– E qual è l'alternativa?

– L'alternativa è farsi amici piú potenti di te e mettersi a loro servizio, aspettando il tuo turno: fare e chiedere favori usando come moneta di scambio la fedeltà, non la capacità. Le persone nella maggior parte dei casi vogliono vivere tranquille, non vivere libere. Tranquillità e libertà non c'entrano niente l'una con l'altra. È libero chi si batte per il proprio sogno, e chi si batte non è mai tranquillo. È tranquillo chi non ci pensa nemmeno a battersi per qualcosa, pur di evitare qualunque problema.

– Vivi e lascia vivere.

– Già, ecco il loro motto. E sai qual è il suo parente prossimo? Fatti i fatti tuoi che campi cent'anni!

– Me lo diceva sempre mio padre!

– Lo vedi? Era mafioso tuo padre?

– No... almeno, non credo.

– Però ti insegnava quelle cose che sono proprio la premessa della mafia, sono la massa di cui il dito si serve.

– La mafia cosa c'entra?

– La mafia è un'organizzazione fondata sul branco. Chi sta dentro il branco riceve protezione a patto di ubbidire, chi è fuori dal branco è un nemico. Semplice, no?

– Sí.

– La mafia è un'organizzazione dove vali perché vi appartieni, non perché sei bravo a fare qualcosa. È chiaro?

– Sí.

– Mafia e fascismo sono due facce della stessa medaglia. Sono due modi di stare al mondo in cui non conti per quello che sei, ma per la fedeltà al capo. Infatti la nostra Costituzione repubblicana del 1948, essendo stata scritta dopo la cacciata dei fascisti, era automaticamente una perfetta Costituzione antimafiosa.

– Ma se le cose sono andate come dici tu, vuol dire che un poco alla volta le persone hanno preferito la tranquillità alla libertà.

– Io la penso cosí. E non c'è modo di stare piú tranquilli che accucciarsi ai piedi di chi ti sembra piú potente, ottenendo favori e protezione. Questo ha creato le condizioni perché la massa e la mafia si saldassero...

– ... La «masso-mafia», dovremmo chiamarla cosí! Certo che la legalità diventa un ostacolo.

– Infatti: quando ti metti nella logica del branco, l'unica regola che vale è quella del branco. Ciò che serve al branco è giusto, ciò che ostacola il branco è sbagliato. Ma spesso ciò che serve al branco è contrario alla legge e cosí ti trovi a un bivio: la fedeltà al branco o il rispetto delle regole che valgono per tutti? Cosa conviene di piú? Se rispetto le regole che valgono per tutti, sto piú comodo o meno comodo? Se invece chiudo gli occhi, mi faccio i fatti miei e mi adeguo alla legge del branco, quanti favori, quanti privilegi... Cosí, un po' alla volta, la massa è diventata masso, pronto a rotolare verso il fondo, franando e spaccando ogni cosa. Già, hai ragione, la dovremmo chiamare «masso-mafia».

– Quindi aspettavano soltanto una scusa per liberarsi delle regole scritte nella legge, – commentò Johnny.

– Sí, ma credo che non avrebbero mai trovato la forza di insorgere contro il sistema legale. La massa è appunto un masso: non si muove da sé. La massa avrebbe continuato chissà per quanto a maledire in cuor suo la legge e i giudici, ma avrebbe continuato a fregare la legge di nascosto, eludendo, frodando, mentendo, accomodando... Senza mai ribellarsi apertamente.

– Come quando sai che dovresti dividere i rifiuti a seconda che siano carta, plastica, vetro, organico, e invece te ne freghi e butti tutto nell'indifferenziato, tanto nessuno se ne accorge.

– Ecco, bravo, un ottimo esempio –. Sorrise con un angolo soltanto della bocca. – Ma senza il dito mafioso, non sarebbe rotolato giú proprio niente. La volontà di spingere fu della mafia, perché la mafia aveva capito che, o si prendeva tutto, o avrebbe perso tutto. A loro modo, i mafiosi sono stati coraggiosi. Criminali, ma audaci.

– Sembra quasi che li ammiri.

– Per niente: non dimentico mai che cosa vuol dire farsi comandare dalla mafia, vivere nel regno del favore, della fedeltà al branco, contare soltanto perché hai gli amici giusti... E poi quanta violenza verso chi non si adegua! Sono rinchiuso da oltre vent'anni per avere cercato giustizia e verità. No, non li ammiro, sono dei delinquenti. Ma l'audacia può esserci anche in chi preferisce il terrore alla libertà.

– Com'è finita l'insurrezione?

– Al solito modo, ma piú in grande.

– Cioè?

– Cioè hanno trattato.

– Chi?

– I capi dei maggiori partiti, assediati in Parlamento, accettarono di trattare con i capi della mafia. Anche di questo non ho le prove, ma per come sono andate le cose nei mesi successivi sono sicuro che la trattativa ci fu, e forse non fu nemmeno tanto imposta dai mafiosi e subita dai politici. Nemmeno quella trattativa fu davvero patita dai politici di peso. In fondo anche la politica faceva parte della massa, era parte del masso. Anche molti politici erano stufi della legalità costituzionale, volevano le mani libere per far valere il potere dei loro gruppi senza dover tutte le volte temere uno scandalo sui giornali, un'inchiesta della magistratura...

– Il dito mafioso faceva comodo anche alla politica.

– Non a tutta, ma a una buona parte. In oltre centocinquant'anni le regole democratiche erano diventate molto complesse: prendere una qualunque decisione rispettandole tutte era complicatissimo, a volte impossibile. Si era formata una grande insofferenza che suggeriva di trovare delle scorciatoie, cioè di aggirare le regole.

– Ma perché non hanno tentato di riformare le leggi, semplificandole e facendole funzionare?

– Eh! Bravo! Ci hanno provato un sacco di volte, ma

per lo piú senza riuscirci: una volta per un motivo, una volta per un altro, i tentativi di riforma andarono tutti perduti. Come balene spiaggiate sulla sabbia: immobili.

– Che peccato! Forse con le riforme si sarebbe evitato il peggio. E su cosa trattarono?

– Su una manciata di punti, che cambiarono il corso della storia.

Capitolo 10

Johnny aveva bisogno di sgranchirsi le gambe, sentiva che gli stavano venendo le formiche e che sarebbe stato fastidiosissimo, ma non osava alzarsi dal letto per non disturbare il racconto del giudice Ranucci. Optò per distenderle in avanti piú che poteva.

Intanto Alfredo continuava. – Sia chiaro che io di prove per documentare quello che ti sto dicendo non ne ho, ma tu questo lo hai capito già. Il fatto che io sia in carcere da oltre vent'anni mi ha dato tutto il tempo di cui avevo bisogno per riflettere sugli eventi e mettere insieme i pezzi.

– Certo, l'ho capito, ma credimi, quello che dici mi sembra convincente.

– Grazie, Johnny, sei un bravo ragazzo e sei l'unico al quale abbia deciso di raccontare tutta questa storia.

– Davvero? Cioè, in vent'anni passati qui dentro non hai mai parlato con nessuno?

– Non cosí come sto facendo ora con te.

– E perché hai deciso di farlo con me?

– Perché scommetto che tu non ti dimenticherai di queste cose e perché io mi sento molto vecchio e stanco, non so quanto resisterò.

– Forza, Alfredo, due terzi della pena sono già passati. È vero, ti hanno tolto molto condannandoti, ma fin qui hai avuto la forza di resistere. Il piú è fatto! E comunque non preoccuparti: non perderò nemmeno una delle tue parole. Allora, su cosa trattarono?

– Prima di tutto sul 416 bis, il reato del Codice penale che descriveva la mafia come un crimine grave e come tale lo puniva: ne chiesero l'abolizione.

«Non so quando venne fuori l'idea di sostituire completamente il Codice penale con il Codice d'onore, ma questa è stata senz'altro la riforma piú profonda: una specie di rivoluzione copernicana. Perché il Codice penale è basato sull'idea che vadano puniti tutti quei comportamenti che offendono beni importanti: la vita, l'ordine pubblico, l'ambiente, l'integrità fisica, la proprietà privata, la correttezza dell'amministrazione pubblica...

«Invece il Codice d'onore ha a cuore esclusivamente l'offesa portata al prestigio del capo e dei capi, a qualunque livello. Quanto piú il capo è elevato nella scala gerarchica, tanto piú l'offesa è ritenuta grave, e quanto piú l'offesa è pesante, tanto piú sarà punita. E sai perché?

– Perché questa società si basa sulla forza dei capi?

– Esatto! Venendo meno il principio di uguaglianza, e cioè che ognuno vale come chiunque altro e che la legge tratta tutti allo stesso modo, resta soltanto il principio di appartenenza, che ti dice che vali perché sei affiliato a questo o a quel gruppo.

«Ma una società fondata sull'appartenenza è una società che si regge sull'autorità dei capi. Una società fondata sul prestigio dei capi è una società che ammette il delitto d'onore, che infatti è stato praticamente depenalizzato: chi compie una vendetta perché ritiene di essere stato offeso ha una pena scontata dalla metà a due terzi, e se si avvale di un killer professionista, chiamato «esecutore», l'esecutore come tale non subisce alcuna condanna, perché si ritiene che abbia agito soltanto come strumento della volontà dell'offeso.

– Non ci avevo mai riflettuto: è davvero una rivoluzione questa cosa dell'Onore, al contrario dell'Uguaglianza.

– Sí, lo è.

– Funziona?

– La maggior parte delle persone si è adeguata, anche tra i magistrati. Pochissimi dopo la riforma si sono rifiutati di applicare le nuove regole basate sull'Onore e non sull'Uguaglianza davanti alla legge. Circa una decina di magistrati in tutta Italia!

– Ma che dici?

– Sí, soltanto una decina di magistrati in tutta Italia si è rifiutata di applicare il nuovo codice, gli altri hanno giurato fedeltà allo Stato e hanno continuato a fare i magistrati come prima. E i professori, stessa storia: per lo piú hanno tutti giurato fedeltà allo Stato e hanno modificato il loro insegnamento per renderlo compatibile con il nuovo corso.

– Cos'è successo a quelli che non hanno giurato?

– Sono stati licenziati in tronco. Chi ha protestato è stato arrestato e condannato per «attentato all'ordine costituito».

– Perché?

– Perché cosa?

– Perché cosí pochi si sono ribellati?

– Mah... non mi sento di giudicare nessuno. Nessuno è tenuto a fare l'eroe, a opporsi sapendo di pagare un prezzo cosí alto. Molti quindi hanno assecondato il nuovo corso per opportunismo, per non perdere stipendio e ruolo sociale. Altri, non so quanti, hanno assecondato il nuovo corso perché convinti davvero che sarebbe stato migliore. Ne abbiamo già parlato: erano tanti quelli che non sopportavano piú la democrazia con tutte le regole, le procedure, i tempi infiniti, i risultati spesso mediocri perché fondati sul compromesso...

– Ma c'è dell'altro secondo te, vero?

– Sí: ci stavo giusto pensando qualche giorno fa, mentre, piantato davanti alla porta blindata, aspettavo che ci portassero il pasto. Basta cosí poco ad affezionarsi a un'abitudine, a farla diventare una pretesa rassicurante, anche nella peggiore delle situazioni, come quella che viviamo noi in carcere da detenuti.

– Rassicurante perché?

– Perché niente fa piú paura del caos. Di fronte alla prospettiva del caos la maggioranza delle persone è pronta ad affidarsi a chiunque prometta di mantenere l'ordine, a qualunque prezzo. Il caos scatena la paura di non essere piú al sicuro *in chi è abituato a sentirsi al sicuro*. I disordini pilotati dalla mafia che scoppiarono ovunque, e la colpevole incapacità della politica di fermarli, fecero temere a tanti che il caos avrebbe preso il sopravvento, che lo Stato sarebbe precipitato in un'anarchia ingestibile e la paura di perdere tutte quelle sicurezze sulle quali ognuno di noi basa la propria vita è diventata panico e ha fatto la differenza.

– Tipo?

– Pensa: avere dei soldi in banca e la certezza di poterli trovare quando ne abbiamo bisogno. Avere la certezza che l'acqua che beviamo dal rubinetto è potabile, che i cibi che prendiamo dal frigorifero sono sani. Che quando spingiamo l'interruttore si accende la luce, che quando giriamo la manopola del gas abbiamo il fuoco nei fornelli per cucinare. Che quando fa freddo in casa si accendono i termosifoni. Che quando abbiamo bisogno di parlare con qualcuno al telefono il telefono funziona, il collegamento alla rete è sicuro, veloce, costante. Che quando usciamo di casa e stiamo in strada nessuno ci aggredisce, anche se camminiamo di notte. Che quando abbiamo bisogno di cure le troviamo. Che il tetto della casa dove abitiamo non ci cadrà sulla testa...

– Eh, sí: l'abc della vita quotidiana.

– Ma è su questo che si fonda la nostra tranquillità, la nostra premessa di libertà: la libertà dalla paura e dal bisogno. Anche se poi tranquillità e libertà non coincidono, ne abbiamo già parlato. La tranquillità che viviamo affidandoci a un certo ordine ha sempre un prezzo, e non è mai per tutti. C'è sempre qualcuno che sta fuori dal sistema e non gode di questa tranquillità, ma magari è piú libero.

– Come i magistrati che non hanno giurato.

– Infatti: hanno sicuramente perso la tranquillità. Sono stati espulsi dal sistema, si sono messi contro l'ordine. Ma io credo che si sentano piú liberi di tanti altri. Certo, fanno una vita difficile.

– Come te!

– Ah ah! Non c'è nessuno piú libero di me!

– Nonostante i vent'anni di carcere...

– Nonostante tutto!

– Viva la Libertà!

– Viva!

– E poi su cos'altro trattarono?

– L'eliminazione dell'ergastolo.

«La revisione dei processi in cui i boss mafiosi erano

stati condannati in via definitiva per avere nuove sentenze favorevoli.

«L'abolizione della Direzione nazionale antimafia e di conseguenza delle direzioni distrettuali antimafia.

«L'abolizione dell'indipendenza della magistratura, che è stata trasformata in un dipartimento dipendente dal governo, in particolare dal ministero della Giustizia.

«La legalizzazione di eroina e cocaina, attraverso un monopolio di Stato che ha consentito alla mafia di arricchirsi senza piú correre rischi e di mantenere un diffuso controllo sociale.

«L'abolizione delle norme che premiano e proteggono i collaboratori di giustizia, cioè quei mafiosi che hanno deciso di collaborare con lo Stato raccontando quello che sanno, i crimini che hanno commesso e chi li ha eseguiti con loro. Anzi, su questo punto sono andati oltre: hanno istituito il reato di infamità, inserendolo nel Codice d'onore.

– Che cos'è il reato di infamità?

– Se vai da un giudice a dire che hai visto Tizio e Caio commettere un delitto, arrestano te! È una presunzione generalizzata di calunnia: cioè, se punti il dito contro qualcuno denunciandolo, lo Stato parte dal presupposto che tu sia uno spione, un «infamone» appunto, e quindi punisce te che hai denunciato. Puoi immaginare che le denunce si sono azzerate.

– Già.

– Per il magistrato poi che accusa qualcuno, lo porta a processo ma non ottiene la condanna, c'è una pena severa.

– Cioè?

– Il pubblico ministero fa le indagini e pensa che tu sia colpevole di un certo reato. Ti accusa e chiede al giudice di aprire un processo per stabilire se le prove che ha raccolto a tuo carico sono sufficienti, okay?

– Okay.

– Bene, se il giudice ti assolve, automaticamente viene condannato il pubblico ministero che ti ha accusato!

– No!

– Sí. Il reato si chiama «procurato affanno»: il pubblico ministero è condannato per avere provocato un'inutile agitazione nella vita dell'imputato e per averne leso il prestigio sociale, cioè l'onore.

– I conti tornano, in effetti.

– Se poi l'imputato che viene assolto ha avuto dei malori a causa del processo, il pubblico ministero viene condannato a una pena piú grave.

– È quello che è successo a te?

Alfredo tossí, si schiarí la voce. – Sí, è quello che è successo a me: sono stato condannato a trent'anni di galera perché il presidente del Consiglio non soltanto è stato scagionato da tutte le accuse, ma si è tolto la vita. Cosí, proprio cosí.

Alfredo pronunciò quelle parole con un filo di voce, perché per quanto fosse certo di essere stato vittima di una grande trappola architettata da mafia e politica collusa per prendere il potere in Italia, il presidente del Consiglio si era sparato per davvero e di questo lui comunque si sentiva responsabile. – Ora dormiamo un po', Johnny, sono stanco.

– Sí, dormiamo un po', tra poche ore sarà l'alba.

Capitolo II

Proprio non riusciva a svegliarsi. La sirena che dava la sveglia nel carcere strillava da un po', sapeva che cosa avrebbe dovuto fare, ma gli occhi erano appicciati e la testa pesante.

Aveva sognato?

I ricordi della notte, della lunga chiacchierata con Alfredo, galleggiavano nella testa, disordinati.

No, non era stato un sogno, era successo davvero. Gli aveva promesso che non avrebbe dimenticato niente di quello che Alfredo aveva deciso di raccontargli, e ora sentiva crescergli dentro l'ansia perché non sapeva come avrebbe fatto. Se solo avesse avuto un quaderno e una matita. Ma scrivere in quel posto sarebbe stato troppo pericoloso, e soprattutto scrivere quelle cose sarebbe stata una pazzia.

L'unica era esercitarsi a ricordare, mettere in ordine quei pensieri e salvarli in un angolo della sua testa.

D'improvviso si aprí la porta blindata.

Johnny scattò a sedere sul letto.

Qualcuno spinse dentro Alfredo e richiuse la porta blindata, facendola sbattere. Sembrava che non si potessero chiudere diversamente le porte, in quel posto, se non facendole sbattere.

Johnny si stropicciò la faccia. – Non mi ero nemmeno accorto che eri uscito dalla cella. Che è successo?

– Verso le sei del mattino sono venuti a prendermi. Tu dormivi profondamente, non ti ho svegliato.

– Ti sono venuti a prendere? Chi? Che cosa ti hanno fatto?

– Niente di grave, stai tranquillo –. Fece un mezzo sorriso. – Me lo aspettavo: mi hanno portato in infermeria dove un medico mi ha visitato, ha consultato gli esami che avevo fatto un paio di mesi fa, prima che tu arrivassi, e ha sentenziato che sono malato. Bella scoperta! E che per questo devo essere trasferito in un carcere piú attrezzato.

– È una buona o una cattiva notizia?

– Tutte e due le cose insieme, ma credo piú cattiva che

buona. È cattiva la conferma della malattia, ed è cattiva pure la notizia che mi spostino in un carcere che dovrebbe essere piú attrezzato... perché non ce ne sono, di carceri piú attrezzate.

– E allora perché ti spostano?

– Credo che vogliano soltanto allontanarmi da qui, forse pensano che la mia presenza sia diventata un pericolo. Lo fanno: interrompono le relazioni, ma anche le abitudini, è un modo per destabilizzare ancora di piú un detenuto come me. Un modo per farmi sapere che la mia vita è completamente nelle loro mani, che ne possono disporre come vogliono.

– È un'intimidazione.

– Bravo, un'intimidazione. Senti, Johnny, noi non ci vedremo piú –. Si sedette sul letto accanto al ragazzo. – Vedrai che te la caverai, appena sarai portato davanti al giudice e saprai perché ti hanno arrestato, non hai fatto niente di cosí grave. Certo, sarà dura, probabilmente dovrai scontare una pena, ma sarà breve e uscirai di qui.

– Mi dispiacerebbe non vederti piú.

– Sí, anche a me, ma credo che andrà cosí. Tu però mi devi fare una promessa.

– Non devo dimenticare niente di quello che mi hai raccontato!

– Ah, allora le promesse sono due!

– Dimmi, che cosa devo fare?

– Quando sarai fuori di qui, trova il modo di andare a Palermo.

– In Sicilia!

– Sí. Vorrei che tu facessi una cosa per me. Vai al cimitero di Palermo e cerca una tomba, quella di Augusta Agostino.

– Augusta Agostino?

– Sí, è una donna morta nei primi anni del secolo scorso, mi pare nel 2019.

– Chi era?

– Era la mamma di un agente di polizia, Nino Agostino, ucciso dalla mafia insieme a sua moglie, Ida Castelluccio: li massacrarono senza pietà, e lei aspettava un bambino. Augusta era una donna coraggiosa e generosa, che insieme a suo marito e alla sua famiglia ha speso tutta la vita per cercare la verità.

– L'ha trovata?

– No, appunto. Quando vedrai la sua tomba, sopra la lapide leggerai questa frase: *Qui giace Schiera Augusta, mam-*

ma dell'agente Agostino, una donna in attesa di giustizia anche oltre la morte.

– La mafia è una montagna di merda.

– Già, è proprio cosí. Ti prego, Johnny, porta dei fiori ad Augusta.

– Contaci, lo farò. Tu però fai una promessa a me.

– Quale?

– Che resisterai, per tutto il tempo necessario.

– Necessario?

– Necessario a rimettere le cose a posto. Necessario alla rivolta.

– Farò del mio meglio, Johnny, te lo prometto.

INDICE

Presenti Passati

1. Daniele Aristarco, *Lettere a una dodicenne sul fascismo di ieri e di oggi*
2. Roberto Finzi, *Cosa hanno mai fatto gli ebrei? Dialogo tra nonno e nipote sull'antisemitismo*
3. Giusi Parisi, *Bullismo – Una storia per capire*
4. Frediano Sessi, *Prof, che cos'è la Shoah?*
5. Davide Mattiello, *Se vince la mafia*

Finito di stampare nel mese di maggio 2020
per conto delle Edizioni EL
presso Puntoweb Srl, Ariccia (Roma)